OFFICE COMMUNICATION (II)

Conversation for Office Work and Job Interviews

비즈니스 영어회화

Min, Sun Hyang Chang, Eun Joo Park, So Young Hong, Jin Joo

도서출판
청람

머리말

국제화시대에 살고 있는 우리들에게 영어는 사회생활의 많은 영역에 깊숙이 자리 잡고 있다. 특히 많은 직장인들이 외국인과의 영어 대화에 자신감이 낮다. 이는 영어회화가 짧은 시간에 익히기도 힘들고 오랜 기간 영어를 배웠으나 외국인을 만나면 갑자기 불편해지는 것을 사람들이 경험했기 때문으로 판단된다.

이에 본 서는 상황별 예문을 통한 지속적인 학습으로 영어회화를 공부하는 학생 및 직장인들이 외국인과 접했을 때, 영어회화를 구사할 수 있는 능력을 기르는 데 초점을 두었다. 또한 학생들이 어려움을 느끼는 영문이력서 작성뿐 아니라 영어면접을 준비할 수 있도록 다양한 이력서 양식과 영어면접 내용도 추가하였다.

본 서는 모두 6장으로 구성되어 있다. Ⅰ장에서는 인간관계를 부드럽게 해 주는 일상적인 대화로 인사, 소개, 날씨 등에 대한 내용을 다루었고, Ⅱ장에서는 전화응대에 필요한 다양한 상황에서의 영어 전화응대와 아울러 전화응대에 필요한 기본적인 표현 등을 다루었다. Ⅲ장에서는 외국인 내방객을 맞이하고 안내할 때의 기본 표현과 상황별 예문을 실었고, Ⅳ장에서는 일정을 정하고 확인하는 등 약속과 관련된 부분을 다루었다. Ⅴ장에서는 호텔, 비행기, 식당 예약에 필요한 영어표현을 다루었으며, 마지막으로 Ⅵ장에서는 취업을 위해 영문이력서 작성 및 영어인터뷰 준비를 할 수 있도록 구성하였다. 각 장마다 Exercise를 삽입해서 앞의 내용을 정리하는 데 도움을 주고자 하였다.

또한 본 Office Communication(Ⅱ)는 영어회화와 영어면접에 관한 내용이므로 모든 대화문을 영어권 국가의 원어민들이 녹음한 CD를 추가하였다. 본 서를 효율적으로 활용하기 위해서는 혼자 공부하는 것보다는 CD를 들으면서 대화할 파트너를 정하여 함께 연습을 해보고 각 절에 있는 연습문제도 함께 풀어보면서 상황 연습을 한다면 더 많은 도움을 얻으리라 사료된다.

본 서는 비서직 종사자에 중점을 두었으나 최근에는 비서직뿐 아니라 다른 부서의 업무에서도 국제전화를 응대하거나 외국인 내방객을 안내 및 응대해야 하는 등 직장에서 영어회화 능력이 필수가 되고 있으므로 본 서가 비서직 종사자뿐 아니라 다른 직장인들에게도 도움이 되리라 사료된다. 모쪼록 이 책이 비즈니스 영어회화를 필요로 하는 비서 또는 사무직으로 진출하고자 하는 학생들과 현직 실무자들에게 조금이나마 도움이 되길 진심으로 바란다.

늘 충분한 시간적 여유가 없다는 핑계로 미흡한 부분을 감추려고 하는 점을 매우 부끄럽게 생각하며, 독자들의 따끔한 질책과 조언을 언제든지 받을 준비를 하고 있다. 후학을 지도하면서 계속적으로 연구 · 보완할 것을 약속드리며, 끝으로 이 책이 나오기까지 애써주신 도서출판 청람의 이수영 사장님과 편집 관계자분들, 그리고 자료 협조에 애써주신 지인들과 본인의 영어회화 강의를 들으면서 함께 수고했던 사랑하는 제자들에게 깊이 감사드린다.

2009년 1월

저자 일동

차 례

Ⅰ Small Talk

Ⅱ Telephone Skills

Ⅲ Greeting Visitors

I.
Small Talk

Office Communication

I

Small Talk

우리가 누구를 만나든지 어디서나 이루어지는 대화가 있다. 이러한 대화는 인간관계의 기초를 형성해 줄 뿐 아니라 이 후의 대화를 부드럽게 해 주는 데 상당한 도움이 된다. 따라서 본 장에서는 업무에 필요한 영어회화 이전에 인사, 소개, 날씨 등과 관련된 영어표현을 익혀서 좀 더 쉽고 편안하게 비즈니스 영어회화로 나아갈 수 있도록 하고자 한다.

1. Greetings

인사는 사회생활의 가장 기본이 되는 것으로 밝고 진심이 담겨 있어야 한다. 첫 대면 시의 인사 태도는 그 사람의 인상을 결정할 수도 있으므로 매우 중요하다. 비서직에 종사하는 사람들은 언제나 많은 사람들과 대면해야 하므로 인사예절이 특히 중요하다. 따라서 늘 예의바른 태도와 언행을 유지하면서 상대방을 친절하게 대하기 위해 노력해야 한다.

(1) 인사 표현

Hi! Hello!

위 두 표현은 보통 친구 사이, 동료 간 등 친밀한 사이에 쓸 수 있는 표현이다. 물론 처음 만나는 사람 사이에서도 가벼운 인사말로 서로 교환할 수 있다.

Good morning. Good afternoon. Good evening.

아침, 점식, 저녁 때에 따라 가볍게 사용할 수 있는 인사 표현이다. 이 중 "*Good afternoon*"과 "*Good evening*"은 매우 형식적인 정중한 인사법이다.

(2) 문안인사 표현

How are you?
How are you doing?
How are things going(with~)?
How have you been?
How is your family? (가족들은 안녕하신가?)
How's your business? (하는 일은 잘 되어 가는가?)

인사 후에는 보통 문안을 묻는 "*How are you?*" 등의 표현이 뒤따른다. "*How are you doing?*"은 다소 스스럼없는 표현이며 "*How are things going?*"은 *with you, at your work* 등으로 이어진다. "*How have you been?*"은 오랜만에 만나는 사람에게 그동안 잘 있었니? 정도의 가벼운 인사말이다. 집안과 사업에 관한 안부를 묻고 싶으면 간단히 "*How's your family?*," "*How's your business?*"라고 표현한다.

오랜만에 만나는 인사의 경우는 "*Long time no see*"를 사용하는데 이는 "*I haven't seen you for a long time*"을 줄인 표현이다.

Hi! Long time no see! How have you been?
오랜만이야. 어떻게 지냈어?
I've been fine, thank you.
잘 지냈어. 고마워.

(3) 문안인사에 대한 응답

Fine, thank you. And you?
Very well, thanks. How about you?
Pretty good, thank you. And yourself?
Not too bad, thanks. How are you?

"*How are you?*"에 대한 몇 가지 응답 예이다. 문안인사에 대한 응답 후 상대방에게 고마움을 표시하고 상대방에게도 안부를 묻는 것이 예의이다.

(4) 작별인사

Good bye. See you next time.
Bye. See you later.
Take care! See you tomorrow.

만났다가 헤어질 때 사용하는 작별인사도 여러 가지가 있다. "*Good-bye.*" 또는 줄여서 "*Bye.*" "또 만납시다."의 "*See you again.*" "*See you later.*" 또는 "조심하세요."의 뜻이 포함된 "*Take care.*" "*Take it easy.*" 등의 표현이 자주 사용된다. 이 외에도 출장이나 여행을 떠날 때는 "*Have a nice trip.*" "*Enjoy your trip.*" 등의 표현을 쓴다.

DIALOGUE 1 문안인사

A : Good morning. How are you?

B : I'm fine, thank you. And you?

A : Fine, thanks. How's Mr. Kim?

B : He's very well, thanks.

A : Please say hello for me.[1)]

B : Thanks, I will.

A : 안녕하세요? 어떻게 지내세요?

B : 잘 지냅니다. 당신은요?

A : 저도요. 김 사장님은 안녕하세요?

B : 잘 계십니다. 감사합니다.

A : 김 사장님께 제 대신 안부 전해 주세요.

B : 감사합니다. 안부 전할게요.

1) Pleas say hello for me. 이는 "Please say hello to him for me."의 준말이다. "안부 전해 주세요."의 다른 표현으로는 "Please give him my regards." 등이 있다.

DIALOGUE 2 해외 회의 참석 후 동료와의 대화

A : Long time no see,[1] Miss Kim. How have you been?

B : I've been fine, thank you. How about you?[2]

A : Good, thank you. I heard you attended the Sales Conference in New York. How was the conference?

B : It was very good. I met a lot of interesting people.

A : Was Eric Larson there?

B : No, but I met a very nice woman from the Tokyo office-Eva Waterstone.

A : I know her. She joined the company at the same time as me. We were on the same training program.

A : Miss Kim, 오랜만입니다. 잘 지내셨어요?

B : 잘 지냈습니다. 당신은요?

A : 저도 잘 지냈습니다. 고맙습니다. 뉴욕에서 개최된 영업회의에 참석하셨다고 들었어요. 회의는 어땠습니까?

B : 매우 좋았어요. 좋은 사람들을 많이 만났습니다.

A : Eric Larson도 참석했나요?

B : 아니요. 그러나 저는 동경에서 온 Eva Waterstone이라는 매우 좋은 분을 만났어요.

A : 저도 그 여자를 알아요. 그녀는 저와 같은 시기에 입사했어요. 우리는 같은 교육 프로그램을 들었죠.

---

1) "Long time no see."는 오랫동안 보지 못했을 때 쓰는 인사 표현으로 "I haven't seen you for a long time."을 줄인 말이다.

2) How about ~? ~은 어떻습니까? ~에 대해서 어떻게 생각하십니까?
(cf. What about ~?)
How about going for a swim? 수영하러 갈까요?

DIALOGUE 3 주말 이후 동료와의 대화 1

A : Miss Kim, how was your weekend?

B : Great. I enjoyed shopping at the Korean traditional markets.

A : Did you buy something great?

B : Yes, I bought an iron turtleship for my parents in USA.

A : Miss Kim, 주말을 잘 보내셨나요?

B : 너무 좋았어요. 저는 한국 전통시장으로 쇼핑을 갔습니다.

A : 좋은 것 사셨어요?

B : 예, 미국에 계신 부모님께 드리려고 철갑 거북선을 하나 샀습니다.

DIALOGUE 4 주말 이후 동료와의 대화 2

A : What did you do this weekend, Mr. Cruise?

B : Oh, my friend and I went for a drive in the country on Saturday.

A : That sounds nice. Where did you go?

B : We drove to the lake and had a picnic. We had a very great time! How about you? Did you do anything special?

A : Not really. I just worked on my car all day.

B : That old thing! Why don't you just buy a new one?[1)]

A : I'm supposed to meet the sales woman next week.[2)]

A : 크루즈 씨, 이번 주말에 뭐하며 지내셨어요?

B : 제 친구와 토요일에 시골로 놀러 갔었습니다.

A : 근사하네요. 어디에 갔었나요?

B : 호수가로 소풍갔습니다. 정말 즐거운 시간을 보냈어요. 당신은 어떠셨나요? 특별한 일이 있었나요?

A : 아니요. 하루 종일 자동차하고 씨름했어요.

B : 그 고물차요! 새 차를 사는 게 어때요?

A : 다음 주에 자동차 판매원을 만나기로 했답니다.

1) Why don't you ~? "~하면 어때요?" "~하지 않겠어요?" 의미이다. 이 표현은 친한 사이에서 사용된다.
Why don't you go for a walk with me? 저와 함께 산책하시겠어요?

2) be supposed to ~ ~하기로 되어 있다.

DIALOGUE 5

휴가 후의 동료와의 대화

A : Come in, Christine. How are you?

B : Fine, thanks. It's nice to see you again.

A : I heard you were on holiday in Hong Kong. It's one of my favorite places. How was the holiday?

B : Excellent. The hotel was very comfortable, the beach was nice and I visited some interesting places.

A : Did you go to Lantau Island?

B : Yes, we did. Do you know it?

A : Yes, it's wonderful. I was there with my family three years ago. What did you think of the food in Hong Kong?

B : Well, I thought it was delicious, but my husband didn't like it.

A : 들어와요, 크리스틴. 기분이 어떠세요?

B : 좋습니다. 다시 만나게 되서 반가워요.

A : 휴가를 홍콩에서 보냈다고 들었어요. 홍콩은 제가 좋아하는 곳이죠. 휴가 어떠셨어요?

B : 매우 좋았어요. 호텔은 매우 편안했고 해변도 아름답고 매우 흥미로운 곳들도 방문했어요?

A : 랑따우 섬에 가보셨어요?

B : 예, 아세요?

A : 너무 근사하죠. 3년 전에 가족과 함께 갔었어요. 홍콩 음식은 어떠셨어요?

B : 저는 맛있다고 생각했는데 남편은 잘 먹지 않았어요.

DIALOGUE 6 승진 축하

A : Mr. Kim told me you heard good news at work[1)] last week.

B : Yes. I was promoted[2)] to the chief of my department.

A : I am delighted to[3)] hear about your promotion.[4)]

B : Thanks. My wife and I are pretty excited.

A : Did you get a good raise?

B : Yes. More than I expected.

A : What will you do with the extra money?

B : Well. I think it's time to look for a new house for my family.

A : Mr. Kim이 그러는데 지난 주 직장에서 좋은 소식이 있었다면서요.

B : 네. 부장으로 승진했어요.

A : 승진하셨다니 너무 기뻐요.

B : 감사합니다. 저와 저의 아내도 꽤 흥분하고 있어요.

A : 월급이 많이 올랐나요?

B : 네. 제가 기대했던 것보다 더요.

A : 여분의 돈으로 무엇을 하실 건가요?

B : 글쎄요. 가족들을 위해 새 집을 살까 생각하고 있어요.

---

1) at work 직장에서

2) Promote 승진시키다. demote 지위를 떨어뜨리다. 좌천시키다

3) be delighted to ~해서 기쁘다.

4) promotion 승진 raise (월급) 인상

DIALOGUE 7 회사 소개

V : Visitor S : Secretary

V : What does your company do?
S : We produce office furniture[1] and sell them in Korea
V : Oh, I see. Where is the company located?
S : The manufacturing plant is in Kyonggido, and the HQ[2] is in Seoul.
V : What are the annual sales[3] of your company?
S : We have annual sales of $10million.
V : How many employees does your company have?
S : Three hundred and forty people are working for the company.

V : 이 회사는 무슨 일을 합니까?
S : 한국에서 사무용 가구를 제작 판매하고 있습니다.
V : 네. 회사는 어디에 있나요?
S : 공장은 경기도에 있고, 본사는 서울에 있습니다.
V : 회사의 연간 매출액은 얼마인가요?
S : 천만 달러 규모입니다.
V : 직원은 몇 명이지요?
S : 삼백사십 명입니다.

1) office furniture 사무용 가구
2) head office(=headquarter, H.Q.) 본사
3) annual sales 연간 매출액
annual growth 연간 성장률

도표 및 그래프 Office Tip!!

line graph	선 그래프
histogram	막대 그래프
bar chart = bar graph	막대 그래프
pictograph	통계그래프(숫자 대신 그림으로 나타냄)
pie chart = circle graph	파이도표(원을 반지름으로 쪼개어 구분)
flow chart	순서도
plan	도면, 설계도
map	지도
table	표
Gantt chart	간트차트

(프로젝트의 계획과 통제를 목적으로 사용하는 도해법의 하나로 가로축은 시간을 나타내고 활동은 가로 막대로 통합하여 선후 관계를 나타낸다. 작업의 수행에 따라 진척사항을 가로막대에 표시함으로써 현시점에서의 계획된 진도를 쉽게 파악하여 생산 계획이나 통제를 할 수 있다)

Wages and Salaries(급여에 관한 용어) Office Tip!!

wages	임금, 급료
earnings	소득
commission	수수료
deductions	소득공제
net pay	순소득
incentives	격려, 장려금
bonus	보너스
pension	연금
pay roll	임금대장
pay slip	급료명세표
pay rise	급료 인상
overtime	초과근무수당
income tax	소득세
perks, perquisite	임직원 특전, 혜택
maternity leave	출산 휴가

Language Summary

□ Yes/No questions : be동사

질문	답변
Are you on holiday?	Yes, I am.
	No, I'm not.
	No, I'm on business.
Are you on business?	Yes, I am.
	No, I'm not.
	No, I'm on holiday.

□ Yes/No questions : 일반동사

질문	답변
Do you know Dr. Stevens?	Yes, I do.
Do you work in Seoul?	No, I don't.
	No, I work in Pusan.

EXERCISE

1. 다음은 사무용 가구 제조 판매 회사에 관한 소개이다. 무엇을 설명하는지 보기에서 고르시오.

- Manufactures and sells all kinds of office furniture in Korea (   )
- Ansan City, Kyeongi-do, Korea (   )
- Poongjin Building, Nonhyun-dong, Kangnam-ku, Seoul (   )
- $10million (   )
- More than 9% (   )
- Mr. Jaesun Kang (   )
- 340 (   )
- High Quality Low Price (   )

2. 다음 뒤섞인(scrambled) 단어를 정리하여 맞는 뜻과 연결하시오.

> Company philosophy, Employees, Activity, Location of manufacturing plant, Name of president, Annual growth, Head office, Annual sales

1. subisens tisviteiac	a. 사훈
2. ffoice fefunitur	b. 주영업활동분야
3. eadh iceoff	c. 연간 성장률
4. nnaual htgrow	d. 사무용 가구
5. omcpoany hpilosoyph	e. 본사
6. ualann lessa	f. 연간 매출액

2. Introduction

소개는 비즈니스 또는 사교장에서 중요한 역할을 한다. 소개는 세 사람 사이에서 양쪽을 다 아는 사람이 모르는 두 사람을 소개시키는 경우와, 소개받는 두 사람이 서로 본인의 이름을 밝힘과 동시에 직업이나 현재의 하는 일 등을 간단히 이야기할 수도 있다. 비서는 소개를 해야 하는 경우가 많으므로 올바른 소개예절과 표현법을 익혀두는 것이 필요하다.

소개의 예절은 일반적으로 이름을 말할 때는 또박또박, 그리고 서로 인사말을 교환할 수 있는 시간적 여유를 주도록 한다.

소개의 원칙은 다음과 같다.

① 지위가 낮은 사람을 높은 사람에게 먼저 소개한다

Mr. President, may I introduce Mr. Dong-il Kim, our staff?
Mr. Kim, this is President Lee.
(사장님, 우리 직원 김동일 씨를 소개합니다.
미스터 김, 이분은 이 사장님이십니다.)

② 나이가 어린 사람을 나이 많은 사람에게 먼저 소개한다

Mother, I would like you to meet my friend, Insook.
Insook, my mother, Mrs. Chung.
(엄마, 내 친구 인숙이야. 인숙아, 우리 엄마 정 여사님이셔.)

⇒ 우리나라의 경우는 엄마의 이름이나 호칭을 따로 사용하는 경우가 흔치 않지만, 미국의 경우는 엄마를 소개할 때 "Mrs"를 붙여 family name을 붙여

주는 경우가 많다.

③ 남자를 여자에게 먼저 소개한다

Mrs. Park, may I introduce Mr. Lee Won who works with me.
Mr. Lee, this is Mrs. Park of Daeyoung Co.
(Mrs. Park, 저와 같이 일하고 있는 이원 씨를 소개합니다.
이원 씨 이분은 대영주시회사의 Mrs. Park입니다.)

⇒ 예외 : 나이가 어리더라도 직위가 높은 경우, 여자인 경우도 상대방보다 나이차가 많이 지면 순서를 바꿀 수도 있다.

다음의 기본 표현들을 익혀 두도록 한다.

- 제 소개를 하겠습니다.
  Let me introduce myself.
  I'd like to introduce myself.
- 제 이름은 강미숙입니다.
  My name is Mi Sook Kang.
  I'm Mi Sook Kang.
- 당신을 어떻게 불러야 합니까?
  How should I address you?
  What should I call you?
- 만나서 반갑습니다.
  It's nice to meet you.
  It's good to see you.
  It's a pleasure to meet you.
  I'm pleased to meet you.
  I'm glad to see you.

⇒ It's와 I'm은 생략해도 좋다.

- 처음 뵙겠습니다.

  How do you do?

- (미스터 김)을 소개합니다.

  May I introduce (Mr. Kim)?

  I'd like you to meet (Mr. Kim).

  I'd like to introduce (Mr. Kim).

- 다시 뵙게 되어 기쁩니다.

  It's good to see you again.

- 무슨 일을 하고 계십니까?

  What kind of work do you do?

  What do you do?

- 어디서 일을 하고 계십니까?

  Where do you work?

- 저는 현대자동차에서 근무합니다.

  I'm with Hyundai Motor Co.

  I work for Hyundai Motor Company.

- 전공이 무엇입니까?

  What's your major?

DIALOGUE 1 상사가 비서와 신입직원 소개

Boss : A Miss Kim : B Mr. Lee : C

A : Miss Kim, do you know Mr. Lee?
B : I've seen him, but we haven't met.
A : Let me introduce you.
Miss Kim, this is our newcomer,[1] Mr. Lee.
B : Welcome to the firm, Mr. Lee. Glad to have you with us.
C : Nice to meet you, Miss Kim. Susan has told me a lot about you.

A : Miss Kim, Mr. Lee를 아세요?
B : 뵌 적은 있지만 인사한 적은 없어요.
A : 제가 소개시켜 드리죠. Miss Kim, 이 사람은 새로운 Mr. Lee입니다.
B : 입사를 환영합니다. 같이 일하게 되어 반가워요.
C : 반갑습니다. 수잔에게 말씀 많이 들었어요.

1) newcomer 새로 온 사람

DIALOGUE 2 상사 오기 전 손님과의 소개

Visitor : V　　Secretary : S

V : Good afternoon. Is this Mr. Hong's office?

S : Yes, it is. Are you Mr. James Taylor from Seoul Bank?

V : Yes, I am.

S : We've been expecting you. I'm Miss Choi, Mr. Kim's secretary.

V : Nice to meet you, Miss Choi.

S : Pleased to meet you, Mr. Taylor. Mr. Kim is in a meeting now. He should be back in about 10 minutes. Please have a seat.

V : Thank you.

V : 안녕하십니까? 여기가 Mr. Kim의 사무실입니까?

S : 예, 그렇습니다. 서울은행의 James Taylor 씨세요?

V : 네. 맞습니다.

S : 기다리고 있었습니다. 저는 Mr. Kim의 비서인 Miss Choi라고 합니다.

V : 만나서 반가워요.

S : 저도 뵙게 되어 반갑습니다. 사장님은 지금 회의 중이십니다. 10분 정도 후에 이쪽으로 오십니다. 잠시 앉아서 기다려 주십시오.

V : 고맙습니다.

DIALOGUE 3 회의 이후 소개 포함한 대화

Host : A　　Eva Waterstone : B　　Peter Simmons : C

A : Oh, Peter, this is Eva Waterstone. Eva, this is my colleague Peter Simmons.

B : How do you do?

C : How do you do? What do you think of the conference?

B : It's very good. Lots of interesting presentations.

A : Can I get you something to drink?

B : Yes, please. I'd like a glass of orange juice.

A : OK. What about Peter? Would you like another drink?

C : No, thanks. I'm fine.

A : Just a moment, please. I'll get it for you, Eva.

A : 피터, 이쪽은 에바 워터스톤 씨입니다. 에바, 이쪽은 제 동료인 피터 시몬스 입니다.

B : 처음 뵙겠습니다.

C : 저도 처음 뵙겠습니다. 이 회의에 대해 어떻게 생각하세요?

B : 매우 좋았습니다. 흥미있는 발표가 많았습니다.

A : 마실 것좀 가져다 드릴까요?

B : 예, 오렌지주스 한 잔 가져다 주세요.

A : 알았어요. 피터는? 한 잔 더 드시겠어요?

C : 아니요, 고맙습니다.

A : 잠시만 기다려요. 가져다 드릴게요, 에바.

DIALOGUE 4 같은 회사 건물에서 근무하는 사람과 소개

Young Min : A　　Miss Cha : B

A : Miss Cha, I believe?

B : Yes, I am.

A : My name is Young Min. Nice to meet you.

B : I'm glad to meet you, too, Mr. Min. Are you going to Singapore or Jakarta?

B : To Jakarta.

A : Oh, so am I. Are you on holiday?

B : No, I'm on business.

A : Really? What do you do?[1]

B : I'm an accountant. I work for IBM in Jakarta.

A : 차 양이시죠?

B : 그렇습니다.

A : 제 이름은 민영입니다. 만나서 반가워요.

B : 저도 만나서 반가워요. 싱가포르 가시는 길이세요 아니면 자카르타 가시는 길입니까?

B : 자카르타 가는 중입니다.

A : 그러세요. 저도요. 휴가차 가십니까?

B : 아니요. 사업차 갑니다.

A : 정말요? 무엇을 하시나요?

B : 저는 회계사입니다. 자카르타에 있는 IBM에서 근무합니다.

---

1) What do you do? 직업을 물을 때 사용되는 표현이다.

DIALOGUE 5 외국에서 방문한 손님과 상사 소개

Secretary : S　　Mulligan : V　　Eugene Kim : C

S : Welcome to Seoul. I'm Miss Chang. How do you do?

V : How do you do, Miss Chang?

S : The meeting room isn't far from here. Come this way, please. Here we are. Mrs. Kim will be here soon. Can I take your coat?

V : Oh, thank you.

S : Can I get you something to drink?

V : No, thanks.

S : Oh, here's Mrs. Kim. Mr. Mulligan, this is Mrs. Eugene Kim, one of our buyers. Mrs. Kim, this is Mr. Patrick Mulligan from Milano.

C : Pleased to meet you, Mr. Mulligan.

V : Pleased to meet you, Mrs. Kim.

S : 서울에 오신 것을 환영합니다. 저는 Miss Chang입니다. 처음 뵙겠습니다.

V : 처음 뵙겠습니다, Miss Chang 씨.

S : 회의실은 여기서 멀지 않습니다. 이쪽으로 오십시오. ..... 다 왔습니다. Mrs. Kim이 곧 오실 겁니다. 코트를 제가 걸어 드릴까요?

V : 고맙습니다.

S : 마실 것을 가져다 드릴까요?

V : 아니요, 감사합니다.

S : Mrs. Kim이 오시네요. 뮬리건 씨 이분이 우리 buyer 중의 한 분이신 김유진 씨입니다. Mrs. Kim, 이분이 밀라노에서 오신 Patrick Mulligan 씨입니다.

C : 만나서 반갑습니다, 뮬리건 씨.

V : 만나서 반갑습니다, Mrs. Kim.

DIALOGUE 6 다른 직원에게 외국에서 방문한 손님 안내 부탁하기

Mr. Bronson : C Secretary : S(Miss Kim) Michael Hill : V

C : Miss Kim, I'd like to introduce you to Michael Hill from our Australian branch.

S : Hello, Mr. Hill, pleased to meet you.

V : How do you do?

S : How's your first day going?

V : Oh, very well, thank you. It's all very interesting.

C : I was just telling Mr. Hill what the set-up[1] here is−who's where and what's what, so to speak.[2] I was wondering if I could hand him over to you now?

S : Oh, yes, sure, fine. Would you like to come this way, please?

V : See you later, Mr. Bronson.

C : Yes, sure.

C : 미스 김, 호주 지점에서 오신 마이클 힐 씨를 소개할게요.

S : 안녕하세요, 미스터 힐, 만나서 반갑습니다.

V : 처음 뵙겠습니다.

S : 첫날이 어떠신지요?

V : 네, 무척 좋습니다. 감사합니다. 모든 것이 정말 흥미롭습니다.

C : 방금 미스터 힐 씨에게 우리 회사의 구성에 대해, 말하자면, 누가 어디에 있고 무엇이 어디에 있는지에 대해 말씀드리려던 참이었어요. 미스 김에게 힐 씨를 부탁해도 될까요?

S : 예, 물론이지요. 좋습니다. 이쪽으로 오시겠어요?

V : 미스터 브론슨 씨, 나중에 뵙겠습니다.

C : 네, 물론이지요.

1) set-up (조직의) 구성

2) so to speak 말하자면

Language Summary

□ Open questions

질문	답변
What do you do?	I'm an accountant.
	I work for IBM in Jakarta.
	I work in a bank.

Who's
- the Sales Manager?
- the head of the Sales Department?
- responsible for recruiting staff?

□ 직위(position)

She's the head of the Sales Department.

He's the head of the Special Projects Team.

He's the Purchasing Manager.

She's the Information Systems Manager.

국가별 언어와 화폐

Office Tip!!

Country (나라)	Adjective (형용사)	Language (언어)	Currency (화폐)
Australia	Australian	English	Dollar
Canada	Canadian	English/French	Dollar
China	Chinese	Chinese	Yuan Renminbi
Egypt	Egyptian	Arabic	Pound
France	French	French	Euro
Germany	German	German	Euro
India	Indian	Hindi/English	Rupee
Japan	Japanese	Japanese	Yen
Russia	Russian	Russian	Rouble
South Africa	South African	English/Afrikaans	Rand
Turkey	Turkish	Turkish	Lira
USA	American	English	Dollar
England	English	English	Pound
Italy	Italian	Italian	Euro

3. Weather

날씨에 관한 사항은 대화 시 조미료로 많이 들어가게 된다. 인사를 하거나, 친구와의 약속 시에도, 그리고 대화가 중단될 경우에도 날씨에 관한 내용이 들어가서 분위기를 전환하거나 화제를 이끌어 갈 수가 있다. 그러므로 기본적인 표현은 익혀두는 것이 좋다.

- 좋은 날, 화창한 날입니다.
  It's a beautiful day.
  It's a sunny day.
  What a wonderful day!
  (보다 강하게 표현할 때 감탄문을 이용 : 참 좋은 날씨군요!)
- 흐리고 바람이 붑니다.
  It's cloudy and windy.
- 추운 날씨입니다.
  It's cold.
  It's chilly.
  (chilly는 추운 의미에 으스스한 날씨. 음산한 날씨에 많이 쓰임)
- 더운 날씨입니다.
  It's hot.
- 비가 옵니다.
  It's raining.
- 비가 억수같이 내린다.
  It's raining cats and dogs. It's pouring down. It rains heavily.
- 날씨가 나쁘다.
  The weather is awful.
- 굉장한 폭풍이다.
  It's a terrible storm.

- 심한 비바람입니다.
  It's stormy.
- 당신 나라에 눈이 옵니까?
  Does it snow in your country?
- 지독한 무더위에 대해 어떻게 생각하십니까?
  What do you think of this terrible heat wave?
- 오늘은 덥습니다. 98도입니다.
  Today it's hot. It's 98°F.

Temperature Office Tip!!

미국은 온도 단위로 Fahrenheit(F, 화씨), 우리나라를 비롯하여 대부분의 국가에서는 Celcius(C, 섭씨)를 사용하는데, 간략히 비교하면 다음과 같다.

F = Fahrenheit	C = Celcius
212 ℉	100 ℃
90 ℉	32 ℃
75 ℉	24 ℃
50 ℉	10 ℃
32 ℉	0 ℃
0 ℉	−18

DIALOGUE 1 날씨(1)

A : What are your plans for the weekend?

B : Well, that depends on[1] the weather.

A : Check the weather report.[2]

B : I did.

A : What did it say?

B : It's going to rain again.

A : 주말 계획은 어떠세요?

B : 글쎄요. 날씨에 달려있어요.

A : 일기예보를 확인해 보세요.

B : 알아봤어요.

A : 뭐라고 그래요?

B : 비가 또 온다고 합니다.

---

1) depend on ~에 달려있다.

2) Weather report 일기예보. Weather forecast와 같은 의미

DIALOGUE 2 날씨(2)

A : What's the weather like in your country?

B : There are four seasons–spring, summer, winter and fall.

A : Is winter always this cold in Korea?

B : It's usually cold this time of year.[1]

A : How about autumn?

B : Autumn is the best season.

A : 당신 나라의 기후는 어떻습니까?

B : 사계절이 있어요. 봄, 여름, 가을, 겨울.

A : 한국의 겨울은 항상 이렇게 추워요?

B : 일년 중 이맘 때는 보통 춥습니다.

A : 가을은 어때요?

B : 가을은 가장 좋은 계절이죠.

1) this time of year 일년 중 이맘 때

DIALOGUE 3 날씨(3)

Secretary : S　　Visitor : V

S : Did you have a nice flight, Mr. Taylor?

V : Yes, it was pleasant, but it was a little too long. I wish Korea were much closer to New York.

S : Is this your first trip to Korea?

V : No, this is my second. I came here last August. It was terribly hot and humid. It's much nicer now.

S : Yes, autumn is the best season in Korea. Oh, here comes Mr. Park. It was nice to talk with you, Mr. Smith.

V : Same here, Mrs. Lee.

S : 테일러 씨, 비행기 여행은 어떠셨어요?

V : 쾌적했습니다. 그런데 다소 먼 것 같아요. 한국이 조금만 더 뉴욕과 가까웠으면 좋겠어요.

S : 처음으로 한국에 오셨나요?

V : 아닙니다, 두 번째입니다. 지난 8월에 처음으로 왔었는데 그때는 너무 덥고 습했어요. 지금은 훨씬 더 좋군요.

S : 가을은 한국에서 가장 좋은 계절이죠. Mr. Park이 오시네요. 대화를 하게 되어 매우 즐거웠습니다.

V : 저도요.

DIALOGUE 4 날씨(4)

A : It's really warm today.

B : Yeah. The weather is so changeable[1] these days.

A : It certainly is. It snowed and was cold yesterday, but it's sunny and warm today.

B : The temperature[2] goes up and down[3] every day. I don't know what to wear when I leave home in the morning.

A : This is really erratic[4] weather.

A : 오늘은 날씨가 정말 따듯해요.

B : 네. 요즘 날씨가 정말 변덕스럽네요.

A : 맞아요. 어제는 눈 내리고 춥더니 오늘은 화창하고 따듯해요.

B : 매일 기온이 오르락내리락 하니 아침에 집을 나설 때마다 무슨 옷을 입을지 모르겠어요.

A : 정말 변덕스러운 날씨에요.

---

1) changeable 변하기 쉬운, 변덕스러운

2) temperature 기온

3) go up 올라가다, go down 내려가다

4) erratic 불규칙적인, 변하기 쉬운, 변덕스러운

Language Summary

□ 말을 알아듣지 못해 다시 말해주기 바랄 때

I beg your pardon (↗)?

Excuse me (↗)?

I'm sorry (↗)?

I'm sorry, I didn't catch the last word. Would you say that again?

I'm sorry, but what did you say?

I'm sorry, could you repeat it?

□ 상대방의 말을 이해하지 못할 때

I'm sorry, what do you mean?

I'm afraid I don't understand you.

I'm afraid I don't understand what you said.

EXERCISE

1. James Taylor 씨가 회사를 방문하고 있다 다음 비서와의 대화를 완성하시오.

A : Good afternoon. Is this Mr. Kim's office?

S : Yes, it is. Are you Mr. James Taylor from Seoul Bank?

V : Yes, I am.

S : We've been (　　　　　) you. I'm Miss Choi, Mr. Kim's secretary.

V : Nice to meet you, Miss Choi.

S : Pleased to meet you, Mr. Taylor. Mr. Kim is (　　　) a meeting now. He should be (　　　　　) in about 10 minutes. Please have a seat.

V : Thank you.

2. 다음의 내용을 우리말로 고치시오.

1. I heard you attended the Sales Conference in New York. How was the conference?
2. It was terribly hot and humid. It's much nicer now.

3. 다음의 내용을 영어로 표현해 보시오.

1. 김 사장님께 저 대신 안부 전해 주세요.
2. Miss Kim, 주말을 잘 보내셨나요?
3. 호텔은 매우 편안했고 해변도 아름답고 매우 흥미로운 곳들도 방문했어요.

Ⅱ. Telephone Skills

Ⅱ Telephone Skills

1. Basic Information

기업들이 국제화됨에 따라 기업에서 영어로 전화를 응대해야 하는 경우가 자주 발생하고 있다. 특히 비서직의 경우 영어 전화응대 능력에 대한 요구는 나날이 증가하고 있으므로 꾸준히 영어 능력을 향상시키기 위해 노력하는 것이 매우 중요하다.

영어가 능숙하지 못하다고 당황하여 영어로 응대해야 하는 전화를 끊거나 무조건 다른 사람을 바꾸어 주기보다는 꼭 필요한 표현들을 전화 옆에 메모하여 위급 시 이용할 수 있는 위기대처능력도 필요하다.

① 전화에서 자기 이름을 말하는 경우

This is Miss Kim.
(This is) Miss Kim speaking.
This is Soomi Kim of the Barclay Bank.
Mr. Anderson's office. Miss Kim speaking.

This is Soomi Kim, Mr. Brown's secretary.
⇒ 전화에서는 "I am ~"이 아니라 "This is~"를 이용하여 자신을 표현한다.

② Brown 씨를 부탁합니다(Brown 씨를 바꾸어 주세요).

May I speak to Mr. Brown?
I'd like to speak to Mr. Brown.
Could I have the Sales Department?*
⇒ 특정 부서에 전화할 때는 "Could I have~" 표현을 많이 사용한다.

③ 상대방의 이름을 묻는 경우(누구신지요?)

Who is calling, please?
May I ask who's calling, please?
May I have your name, please?

④ 전화를 연결할 경우

I'll put you through to Mr. Brown.
I'll connect you with Mr. Brown's office.
I'll switch this call to the Sales Department.

⑤ 기타 표현

- 죄송합니다. 영어하는 사람을 바꾸어 드리겠습니다.
  I'm sorry. I'll get an English speaker.
- 잘 들리지 않습니다. 좀 더 크게 말씀해 주시겠습니까?
  I can't hear you. Could you speak up, please?
  Could you speak more loudly, please?
- 조금 천천히 말씀해 주세요.
  Could you speak more slowly, please?
- 다시 한 번 말씀해 주세요.
  Could you repeat that, please?
- 연결 상태가 안 좋은 것 같군요. 다시 말씀해 주세요.
  We have a bad connection. Could you say that again, please?
- 혼선이 되었습니다.
  The lines are crossed. Could you call me again?
- 몇 번에 전화를 거셨습니까?
  What number did you dial?
  What number do you have?
- 전화 잘못 거셨습니다.
  I'm afraid you have the wrong number.
  There is no one by that name(그런 사람 여기에 없는데요).

2. Receiving Calls

DIALOGUE 1 외부 전화를 다른 부서로 돌려줄 때

Secretary : S　　Caller : C

S : Good morning, Unilever Korea. May I help you?[1]
C : Good morning. This is William Johnson of the Citibank.[2]
Can I speak to Mr. Cha of R&D Department, please?
S : One moment please, Mr. Johnson. I'll connect you.
C : Thank you.

S : 유니레버코리아입니다. 안녕하십니까?
C : 안녕하세요? 저는 시티은행의 윌리암 존슨입니다.
연구개발 부서의 미스터 차를 바꾸어 주십시오.
S : 잠시만 기다려 주십시오, 존슨 씨. 연결해 드리겠습니다.
C : 감사합니다.

"잠시만 기다려 주십시오."의 표현은 이 외에도 *"Hold on, please." "Just a moment, please." "Hold the line, please."* 등이 있다.

1) 전화응대 시 회사명, 부서명 혹은 상사의 이름이나 자신의 이름을 경우에 맞게 즉시 밝힌다. 외부에서 직통으로 걸려오는 전화인 경우에는 먼저 회사명을 밝힌 후 부서명 혹은 자신의 이름을 밝히고 교환원을 통해 연결된 전화일 경우에는 회사명은 밝힐 필요가 없다.
2) 전화응대 시 상대가 나오면 자신의 소속과 이름을 먼저 밝히고 용건으로 들어간다.

DIALOGUE 2

외부 전화를 다른 부서로 돌려줄 때 1

Scretary : S　　Caller : C

S : Hanil Trading Company. May I help you?

C : May I speak to Mr. Howard of the Sales Department?

S : Hold the line, please. I'll transfer[1] your call to the Sales Department.

C : Thank you.

S : 한일무역회사입니다.

C : 영업부의 하워드 씨 부탁드립니다.

S : 잠시만 기다려 주십시오. 영업부로 전화 연결해 드리겠습니다.

C : 감사합니다.

1) transfer 대신에 switch를 쓸 수 있다.

DIALOGUE 3 외부 전화를 다른 부서로 돌려줄 때 2

Secretary : S   Caller : C   Operator : O

S : Mr. Anderson's office, Miss Lee speaking.

C : I'd like to speak to someone in the Marketing Dept.

S : All right. I'll put you back to the switchboard and they'll connect you. Hold on, please.

(교환원에게)

S : Transfer this call to the Marketing Dept.

O : All right. Thank you.

S : 앤더슨 씨 사무실의 미스 리입니다.

C : 마케팅부서에 계신 분과 통화하고 싶습니다.

S : 알겠습니다. 전화를 교환대로 다시 돌려드리겠습니다. 잠시만 기다려 주세요.

(교환원에게)

S : 이 전화를 마케팅부서로 돌려주세요.

O : 알겠습니다. 고맙습니다.

전화용어

Office Tip!!

전화번호부	telephone directory(미국에서는 yellowpages)
공중전화	public phone / pay phone
공중전화박스	phone booth
전화교환원	telephone operator
시내전화	local call
국제전화	overseas / international phone call
장거리전화	long distance call
수신자부담전화	collect call
구내전화번호	extension number(축약해서 ext. no.로 표기)
교환대	switchboard(회사의 대표전화번호도 됨)
지역번호	area code
신용카드전화	credit card call
긴급전화	urgent call
직통번호	direct phone number
회의전화	conference call
호출전화	messenger call
음성사서함	voice mail

3. Connecting Calls

DIALOGUE 1 전화연결 1

Secretary : S   Caller : C   President : P

S : Good morning, Mr. Taylor's office. Miss Lee speaking.

C : I'd like to speak to Mr. Taylor, please.

S : May I ask who's calling, please?

C : This is Donald Fred of Meritz Securities.

S : Mr. Fred, would you please hold on while I see if he's available.
(to Mr. Taylor)
Mr. Taylor, Mr. Fred of Meritz Securities is on the line. Will you take his call?[1)]

P : Yes, put him through.[2)]

S : Mr. Fred, Mr. Taylor is on the line now. Go ahead,[3)] please.

C : Thank you.

S : 테일러 씨 사무실입니다.

C : Mr. Taylor 부탁드립니다.

S : 어느 분이시라 여쭐까요?

C : 저는 메리츠증권의 도널드 프레드입니다.

S : 프레드 씨, 제가 사장님 전화 연결 가능하신지 알아보는 동안 잠시만 기다려 주세요.
사장님, 메리츠증권의 프레드 씨 전화인데요, 연결할까요?

P : 네, 연결하세요.

S : 프레드 씨, 전화 연결되었습니다.

C : 감사합니다.

상사에게 전화를 연결할 때는 무조건 바꾸어 주는 것이 아니라 반드시 이름과 소속을 물어보아야 하며, 가능하면 용건도 물어 보는 것이 좋다. 상사가 통화를 원하지 않는 사람일 경우 상대방이 불쾌하지 않도록 적절하게 전화를 연결하지 않는 요령도 필요하다.

1) Will you take his call? 전화 받으시겠습니까?
전화를 받겠다는 대답으로는 Yes, I'll take it.

2) put him through 그를 연결해 달라는 뜻.
〈상사와 전화 건 사람을 연결할 때 쓰는 다른 표현〉
I'll put you through to the manager. 부장님과 연결시켜 드리겠습니다.
I'll connect you with him.
I'll get him for you. 그를 연결해 드리겠습니다.
I'll ring him for you.
He will be right with you. 곧 전화 받으실 겁니다.
You're through. Go ahead. 연결되었습니다. 말씀하십시오.

3) go ahead. (전화에서) 말씀하세요.

DIALOGUE 2 전화연결 2

Secretary : S　　Caller : C

S : Good morning, Motorola. General Manager's Office.

C : May I speak to Mr. Brown?

S : I'm sorry. I can't hear you. Could you speak up please?

C : I'd like to speak to Mr. Brown of Export Department?

S : Mr. Brown of Export Department?

C : Yes, please.

S : May I have your name, please?

C : This is William Johnson of the Unilever Co.

S : Just a moment, please, Mr. Johnson. I'll transfer[1] your call to Mr. Brown. Just for your information, his direct phone number is 774-1235.

C : Thank you.

S : 안녕하십니까? 모토로라 사장실입니다.

C : 브라운 씨를 바꾸어 주십시오.

S : 죄송합니다. 잘 들리지 않는데 좀 더 크게 말씀해 주세요.

C : 수출부의 미스터 브라운과 통화하고 싶다구요.

S : 수출부의 미스터 브라운 씨요?

C : 네, 부탁드립니다.

S : 성함이 어떻게 되십니까?

C : 저는 유니레버사의 윌리암 존슨입니다.

S : 잠시만 기다리세요. 존슨 씨. 브라운 씨께 전화 연결하겠습니다. 혹시 해서 말씀드리는데, 브라운 씨의 직통번호는 774-1235입니다.

C : 감사합니다.

1) transfer 대신 switch를 사용해도 같은 의미이다.

다른 부서의 담당자에게 전화를 돌려 주어야 하는 경우에는 전화가 중간에 끊어질 것에 대비해, 전화를 돌리기 전에 담당자의 직통 전화번호를 알려주도록 한다.

Numberwork Summary I

□ reading numbers

16	sixteen
60	sixty
100	a (or one) hundred
160	a hundred and sixty
1,000	a (or one) thousand
1,600	one thousand and six hundred
16,000	sixteen thousand
60,000	sixty thousand
600,000	six hundred thousand
660,000	six hundred and sixty thousand
6,000,000	six million

EXERCISE

1. 메리츠 증권의 도날드 프레드 씨가 테일러 씨와 통화하기 위해 비서에게 전화를 하고 있다. 다음 대화를 완성하시오.

S : Good morning, Mr. Taylor's office, Miss Lee speaking.

C : I'd like to speak to Mr. Taylor, please.

S : May I ask (   ), please?

C : This is Donald Fred of Meritz Securities.

S : Mr. Fred, would you please (   ) while I see if he's available.

(to Mr. Taylor)

Mr. Taylor, Mr. Fred of Meritz Securities is on the (   ). Will you take his call?

P : Yes, (   ) him (   ).

S : Mr. Fred, Mr. Taylor is on the line now. Go ahead, please.

C : Thank you.

2. 다음 전화번호를 영어로 읽어보시오.

- 584-4644
- 323-4000
- 454-8003
- (031) 284-2001

3. 다음 괄호 안의 내용을 영어로 표현해 보시오.

S : Good morning, Mr. Ford's office. May I help you?

C : (포드 씨와 통화할 수 있을까요?)

S : (어느 분이시라 여쭐까요?)

C : This is Jonathan Dowse of the McDonald.

S : Just a moment, please, Mr. Dowse.
(to Mr. Ford)

S : Mr. Ford. (맥도널드사의 조나단 다우스 씨 전화왔습니다).

F : Put him through.

S : Yes, sir.
(to Mr. Dowse)

S : Thank you for waiting, Mr. Dowse. (지금 연결하겠습니다.)

4. 다음을 영어로 표현해 보시오.

- 전데요.
- 전하실 말씀 있으십니까?
- 잘 들리지 않습니다. 좀 더 크게 말씀해 주세요.
- 잠시만 기다려 주십시오. 전화 연결하겠습니다.
- 누구십니까?
- 조금 천천히 말씀해 주세요.
- 전화 잘못 거셨습니다.
- 마케팅부서로 전화 연결해 드리겠습니다.

4. Taking & Receiving Messages

★ 상사가 전화를 받을 수 없는 경우

(1) 전화를 받을 수 없는 여러 가지 상황

- 회의 중입니다.
  I'm sorry, but he's in a meeting now.
  I'm sorry but he's attending a meeting now.
  I'm afraid, he's in conference at present.
- 통화 중입니다.
  I'm sorry, but he is on another line now.
- 출장 중입니다.
  He's on a business trip.
  He's away on a business trip.
- 안계십니다.
  He's not in.
- 사무실에 안계십니다.
  He's not in the office.
- 방금 나가셨습니다.
  He's gone out. / he just stepped out.
- 손님과 함께 계십니다.
  He's with a client.
- 점심 드시러 가셨습니다.
  He's out for lunch.
- 퇴근하셨습니다.
  He's gone for the day.
- 오늘 휴무이십니다.
  He is off today.
  Today is his day-off.

(2) 상사 부재 시 간단한 메시지 받기

- 전하실 말씀 있으십니까?

  Can I take a message?

  May I take a message?

  Would you like to leave a message?

  Could you leave a message?

- 아니요, 나중에 걸겠습니다. 급한 것은 아닙니다.

  No, thank you. I'll call back later. It's not urgent.

- 저한테 전화 왔었다고 전해 주세요. 저는 게리 스텐버그라고 합니다.

  Please tell him that I called. This is Garry Steinburg.

- 저에게 전화해 달라고 해주세요.

  Could you ask him to ring me back?

  Could you have him call me back?

  Could you tell him to give me a call.

  Please tell him to call me back.

DIALOGUE 1 상사가 사무실에 없는 경우

Secretary : S   Caller : C

S : Hanill Trading Company, General Manager's Office.
C : May I speak to Mr. Kim, please?
S : I'm sorry, but he's not in at the moment. May I take a message?
C : What time is he expected back?[1]
S : In about two hours.
C : Thanks a lot. I'll try to call again.
S : Who's calling please, may I ask?
C : This is John Smith from Chicago Engineering.
I just wanted to say hello to him.[2]

S : 한일무역 사장실입니다.
C : 사장님 좀 바꾸어 주세요.
S : 죄송합니다만 지금 자리에 안 계십니다. 전하실 말씀 있으세요?
C : 몇 시에 돌아오시죠?
S : 약 2시간 지나서요.
C : 감사합니다. 다시 전화를 걸도록 하죠.
S : 어느 분이 전화 하셨다고 말씀 드릴까요?
C : 저는 시카고 엔지니어링사의 존 스미스입니다. 사장님께 안부전화 드린 겁니다.

상사가 출장, 회의, 개인적인 일로 자리를 비울 경우 비서는 상대방에게 상사의 부재 이유를 부정적으로 응답하거나 지나치게 자세하게 알려줄 필요가 없다.

1) What time is he expected back? 많이 쓰이는 문구이므로 관용어구로 외워두자. 같은 의미로 "When will he be back?"도 쓰인다.
2) 'say hello to ~'은 '~에게 안부 전하다'로 자주 사용되는 표현이다.

DIALOGUE 2 상사가 사무실에 없는 경우

Secretary : S   Caller : C

S : Good morning, Mr. Jackson's office. Miss Park speaking.
C : Mr. Jackson, please. This is Paul Robinson of IBM.
S : I'm sorry, Mr. Robinson, but Mr. Jackson is not in the office now.
C : Oh, when do you expect him back?
S : He'll be back in about 30 minutes. Shall I have him call you back as soon as he returns?
C : No, I'll call back later. Thank you.
S : Thank you for calling, Mr. Robinson. Good-bye.
C : Good-bye.

S : 안녕하세요. 잭슨 씨 사무실의 미스 박입니다.
C : 잭슨 씨좀 바꿔 주세요. 저는 IBM의 폴 로빈슨입니다.
S : 로빈슨 씨, 죄송하지만 잭슨 씨는 지금 사무실에 안 계신데요.
C : 그래요. 언제 돌아오십니까?
S : 약 30분 뒤에 돌아오실 예정입니다. 돌아오시는 대로 전화 드릴까요?
C : 아닙니다. 제가 다시 연락하죠. 감사합니다.
S : 전화주셔서 감사합니다. 안녕히 계십시오.
C : 안녕히 계세요.

DIALOGUE 3 상사가 출장 중일 경우

Secretary : S Caller : C

S : Good morning, Marketing Department.
C : Hello, this is Paul Newman of Sears. Can I talk to Mr. Ford?
S : I'm sorry, but he's on a business trip now.
C : Really? When is he expected back?
S : He'll be back this Wednesday. May I take a message?
C : Yes, please. Could you have him call me back as soon as he gets in?[1]
I'd like to discuss the TC project.
S : I see. I'm sure he gets your message.[2] Your phone number, please?
C : 584-4644, ext. 121.
S : 584-4644 ext. 121? Is that right?
C : Right, thank you.
S : Thank you for calling, Mr. Newman. Good-bye.

S : 안녕하십니까? 마케팅부입니다.
C : 안녕하세요? 저는 시어즈사의 폴 뉴먼입니다. 포드 씨와 통화할 수 있을까요?
S : 죄송합니다만 지금 출장 중이신데요.
C : 그래요? 언제 돌아오시나요?

1) get in 도착하다. return과 같은 의미
2) I'm sure he gets your message "그가 당신의 메시지를 받을 것을 확신한다."라는 직역으로, 메시지를 꼭 전하겠다는 의미이다.

S : 이번 수요일에 돌아오십니다. 전하실 말씀이 있으신지요?

C : 네, 포드 씨 돌아오는 즉시 저에게 전화를 해주시겠습니까?
TC 프로젝트에 관해 논의하고자 합니다.

S : 알겠습니다. 꼭 전해드리겠습니다. 전화번호는요?

C : 584-4644이며 내선번호는 121입니다.

S : 584-4644, 내선번호 121, 맞습니까?

C : 네, 맞습니다. 감사합니다.

S : 감사합니다.

전화번호 읽는 법

Office Tip!!

1. 일반적으로 숫자 하나하나를 연속적으로 읽는다.

▶ 545-1218	five-four-five-one-two-one-eight.

2. 0이 몇 개 겹쳐있을 경우는 편리한 방법으로 읽는다.

▶ 738-2000	seven-three-eight-two thousand.
▶ 747-7500	seven-four-seven-seven-five hundred.

3. 겹치는 숫자는 'double'을 붙여서 읽는다.

▶ 585-4644	five-eight-five-four-six-double four.
▶ 684-8003	six-eight-four-eight-double 0-three.

숫자 0은 zero보다는 [ou]라고 더 많이 읽는다.

4. 지역번호(area code)가 있을 경우

▶ 212-355-2987	area code two-one-two, phone number three-double five-two-nine-eight-seven.

DIALOGUE 4 상사가 통화 중인 경우

Secretary : S   Caller : C

S : Mr. Taylor's office. Miss Lee speaking

C : Good morning, Miss Lee. This is Harry Smith. How are you?

S : Oh, hello, Mr. Smith. I'm just fine, and you?

C : Pretty good. Is Mike in his office now?[1]

S : Yes, he is, but he is on another line now.

C : Is it going to be long, do you think?

S : I don't think so. Would you like to hold the line, or shall I have him call you back?[2]

C : I'll hold on.

S : Oh, he's just hung up.[3] I'll put you through now.

C : Thank you, Miss Lee.
(to Mr. Taylor)

S : Mr. Taylor, Mr. Harry Smith is on line number 2.

S : 테일러 씨 사무실의 미스 리입니다.

C : 안녕하십니까, 미스 리. 저는 해리 스미스입니다. 안녕하셨어요?

S : 안녕하셨어요, 스미스 씨, 저는 잘 지냈습니다. 스미스 씨는요?

C : 매우 좋습니다. 마이크 지금 자리에 있나요?

S : 예, 그런데 지금 테일러 씨 통화 중인데요.

---

1) Is Mike in his office now? 이 표현은 가까운 친구 사이에서만 사용된다.

2) 상사가 통화 중일 경우 상대방에게 무작정 기다리게 하지 않는다. 계속 기다릴 것인지 아니면 우리 쪽에서 통화가 끝나는 대로 전화를 걸어 주기를 원하는지 물어 보도록 한다.

3) 'hang up' 은 '전화를 끊다' 이다.

C : 통화 길어질까요?

S : 그럴 것 같지 않아요. 잠시 기다리시겠습니까 아니면 통화 마치시는 대로 저희가 전화 드릴까요?

C : 기다리겠습니다.

S : 오, 테일러 씨 전화 끊으셨습니다. 연결해 드리겠습니다.

C : 고마워요, 미스 리.

(테일러 씨에게)

S : 테일러 씨, 해리 스미스 씨 2번 전화 와 있습니다.

Phone Number Office Tip!!

Phone No.	000 1 302 9345 2777 (ext. 5224)
000	international access code
1	country code
302	city code
9345-2777	telephone number
5224	extension number * 축약하여 ext.라고 쓴다.

DIALOGUE 5 상사가 회의 중인 경우

Secretary : S   Caller : C

S : Managing Director's office. May I help you?

C : May I speak to Mr. Lewis, please?

S : I'm afraid he's in the middle of a meeting right now.

C : What time do you expect it to be over?

S : The meeting's supposed to be over around 3 o'clock. So he should be in after 3. Would you like to leave him a message?

C : Yes, please. This is Nick Jordan of CSC Business Software. I'd like him to return my call as soon as possible.

S : All right. Could you repeat your name, please?

C : Jordan, Nick Jordan of CSC Business Software.

S : And your number, please?

C : My number is 554-9088.

S : 554-9088. I'll have him call you back after the meeting.

C : Thanks a lot.

S : You're welcome. Good-bye.

S : 전무실입니다.

C : 루이스 씨와 통화를 하고 싶은데요.

S : 죄송합니다만 루이스 씨는 지금 회의 중입니다.

C : 회의가 언제 끝날까요?

S : 3시경에 회의가 끝나기로 되어 있습니다. 따라서 루이스 씨는 3시 이후에 사무실에 계십니다. 메모 남기시겠어요?

C : 예, 부탁합니다. 저는 CSC Business Software의 닉 조단이라고 합니다. 가능한 빨리 전화 부탁드립니다.

S : 성함을 다시 한 번 말씀해 주시겠어요?
C : 조단, CSC Business Software의 닉 조단입니다.
S : 전화번호 좀 알려주세요.
C : 554-9088입니다.
S : 554-9088요. 회의 끝나시는 대로 전화 드리겠습니다.
C : 고맙습니다.
S : 천만에요.

• Telephone Memo

Telephone Memo

Date *Jun. 10* Time AM :

PM : *2.00*

To *Mr. C. Lewis*

While you were out

Mr. *Nick Jordan*

Of *CSC Business Software*

Tel No. *554-9088* Ext.

☐ Telephoned ☐ Will Call Again

☐ Returned your call ☐ Came to see you

☑ Please call ☐ Wants to see you

Message *He wants your return call as soon as possible.*

Taken by *M. S. Kim*

DIALOGUE 6 잘못 걸린 전화

Secretary : S   Caller : C

C : Hello, this is HK Electronics. I'd like to talk to Mr. Tom Cruise.

S : What number did you dial?

C : 340-9000

S : That's strange. The number's right, but there's nobody by that name here.

C : Really? Is it 340-9000 there?

S : Yes. Who did you say you'd like to talk to?

C : Tom Cruise.

S : Sorry. There's no Cruise here.

C : Your area code is 031, right?

S : Oh, no. It's 032 here.

C : OK, I'm sorry to have bothered you.

C : 안녕하세요. 여기는 HK 전자입니다. 탐 크루즈 씨와 통화하고 싶습니다.

S : 몇 번에 거셨습니까?

C : 340-9000이요.

S : 이상하군요. 번호는 맞는데 그런 분은 안 계십니다.

C : 그래요? 340-9000이 맞지요?

S : 예. 어느 분을 찾으신다고 하셨죠?

C : 탐 크루즈 씨입니다.

S : 죄송합니다. 그런 분은 안 계십니다.

C : 지역번호가 032 맞지요?

S : 아, 아니요. 여기는 032입니다.

C : 네, 번거롭게 해서 죄송합니다.

EXERCISE

1. 상사가 사무실에 부재 중이다. 다음 대화를 완성하시오.

S : Hanil Trading Company, General Manager's Office.

C : May I speak to Mr. Kim, please?

S : I'm sorry, but he's ( ) in at the moment. May I ( ) a message?

C : What time is he ( ) back?

S : In about two hours.

C : Thanks a lot. I'll try to call again.

S : Who's ( ) please, may I ask?

C : This is John Smith from Chicago Engineering.
I just wanted to say hello to him.

2. 다음을 영어로 표현하시오.

- 전하실 말씀 있으세요?
- 몇 시에 돌아오시죠?
- 죄송합니다만 지금 자리에 안 계신데요.
- Mr. Kim은 지금 출장 중입니다. 다음주 화요일에 돌아옵니다.
- 돌아오시면 저에게 전화를 해 주세요.
- 죄송합니다만 지금 회의 중입니다.
- 죄송합니다만 지금 통화 중입니다.
- 잠시 기다리시겠습니까 아니면 통화 마치는 즉시 저희가 전화 드릴까요?
- 전화번호를 가르쳐 주시겠습니까?

3. 다음의 상황을 넣어서 dialogue를 완성하시오.

- 비서는 Anderson Consulting사의 사장실에 근무하는 이영미.
- 상사가 잠시 자리를 비웠을 때 Citibank의 Jim Watson 씨로부터 전화가 옴.
- Watson 씨는 사장이 돌아오는 대로 회신 전화를 부탁함.
- 비서는 Watson 씨의 전화번호를 모름.

5. Confirming Names & Places

외국인과 통화 시 지명이나 이름 등은 잘 알아 듣기 어려운 경우도 있고 또는 낯설어서 잘 알아 듣지 못하는 경우가 많다. 이럴 때 알파벳의 "Spelling Analogy Code"를 알아두면 편리하다. 예를 들면, 우리나라 말에서 "제본할 때의 제"라든지 "예술 할 때 예"라고 말하듯이 영어회화에서도 발음상 혼동이 될 경우에 알파벳의 표준코드를 적어두었다가 사용하면 정확한 메시지를 남기거나 받을 때 도움이 된다. 영어의 발음상 특히 'V나 B', 'F나 S', 또는 'B나 D' 등 혼동될 수 있는 발음에 특히 주의한다.

(1) 상대방 이름의 철자를 묻는 경우

- 성함의 철자가 어떻게 되죠?
  Could you spell your name, please?
  How do you spell your name, please?
  How is your name spelled?
- Robert의 R입니다는 "R for Robert"로 표현.
  A for Africa 또는 A as in Alfred로 표현한다.

Spellling Analogy Code

A for Africa	*B for Boy*	*C for China*	*D for David*
E for England	*F for Frank*	*G for Germany*	*H for Holland*
I for Italy	*J for Japan*	*K for King*	*L for London*
M for Mexico	*N for Nancy*	*O for Oliver*	*P for Peter*
Q for Queen	*R for Robert*	*S for Sweden*	*T for Tommy*
U for Uncle	*W for Washington*	*X for X-ray*	*Z for Zambiz*

DIALOGUE 1 전화번호 확인하기

Secretary : S Caller : C

S : Unilever, good morning, Miss Kim speaking.

C : Hello, is Mr. Johnson there, please?

S : I'm sorry, he's not in at the moment.[1] Can I take a message?[2]

C : Yes, ask him to call Haller at Thomas Cook as soon as he gets in,[3] please?

S : Certainly, Mr. Haller. Is your name spelled H-A-L-E-R?

C : No, it has two L' s. H-A-L-L-E-R. I'll be expecting his call.[4]

S : Of course, Mr. Haller. I'll get him to ring you back as soon as he returns. Can I have your number, please?

C : It's 233-2333

S : 233-2333? Is that right?

C : That's right. Thank you.

S : Thank you, Mr. Haller. Good-bye.

S : 안녕하십니까? 유니레버의 미스 김입니다.

C : 안녕하세요? 존슨 씨 계십니까?

S : 죄송합니다. 지금 자리에 안 계신데요. 전하실 말씀 있으세요?

C : 네, 그가 돌아오는 대로 토마스 쿡의 홀러에게 전화를 좀 해달라고 부탁해 주세요.

---

1) He's not in at the moment. 지금 안 계신데요.
2) Can I take a message? 전하실 말씀이 있으십니까?
3) get in 도착하다. 들어오다. return과 같은 의미
4) I'll be expecting his call. 그의 전화를 기다리겠습니다.
I'll be waiting for his call과 같은 뜻

S : 그러죠. 홀러 씨. 성함이 H-A-L-E-R입니까?

C : 아니요. L이 두 개입니다. H-A-L-L-E-R. 전화 기다리겠습니다.

S : 물론이죠. 홀러 씨. 존슨 씨 돌아오시는 대로 전화 드리겠습니다. 전화번호 좀 알려주세요

C : 233-2333입니다.

S : 233-2333, 맞습니까?

C : 맞습니다. 감사합니다.

S : 감사합니다. 홀러 씨, 안녕히 계십시오.

Numberwork Summary Ⅱ

□ reading money

$25	twenty five dollars
$19.50	nineteen dollars and fifty cents
£80	eighty pounds
£10.20	ten pounds twenty
¥1,200	one thousand two hundred yen

□ reading year

1900	nineteen hundred
1901	nineteen oh one
1918	nineteen eighteen
1962	nineteen sixty-two
1989	nineteen eighty-nine
1990	nineteen ninety
2000	two thousand
2001	two thousand and one
393 B.C.	three ninety-three B.C. (기원전 393년)
1990's	the nineteen nineties (1990년대)

□ reading fractions

분자는 기수로, 분모는 서수로 읽으며,

분자가 2 이상이면 분모에 복수형 어미 -s를 붙여 읽는다.

1/2	a half(one-half)
1/3	one-third
1/4	a quarter(one-fourth)
3/4	three-fourths(three quarters)
$3\,{}^{4}/_{5}$	three and four-fifths
1/8	an eighth(one-eighth)
152/287	one hundred and fifty-two over two hundred and eighty-seven

□ reading various numbers

2,394	two thousand three hundred and ninety-four
23,094	twenty-three thousand and ninety-four
232394	two three two three nine four
2.394	two point three nine four
23×94	twenty-three times ninety-four
23÷94	twenty-three into(devided by) nienty-four
23/94	twenty-three over ninety-four
23+94	twenty-three plus ninety-four
23−94	twenty-three minus ninety-four
23+94=?	What's twenty-three plus ninety-four?
$23.94	twenty-three dollars ninety-four cents
£239.40	two hundred and thirty-nine pounds forty
23kpm	twenty-three kilometers per minute
23℃	twenty-three degrees Celsius
23 March 2000	twenty-third of March two thousand

DIALOGUE 2 이름 철자 확인하기

Secretary : S　　Caller : C

S : Good morning, Barclays. Miss Lee speaking.

C : I'd like to talk to Mr. Hong of Loan Department,[1] please.

S : I'm sorry, he's not in. May I ask who's calling, please?

C : This is Lupini.

S : I'm sorry. How do you spell your name?

C : Lupini. L-U-P ...

S : T as in Tommy?

C : No. P as in Piter. P-I-N-I

S : L-U-P-I-N-I? Is that right?

C : Right.

S : Would you leave a message?

C : Yes, please tell him that I'll leave Seoul tonight and that I'll call him when I get to East London.[2]

S : Sure. I'll tell him that you will leave Korea tonight and that you'll call him when you get to[3] East London.

C : Thank you very much, Miss Lee. Good-bye.

S : Good-bye, Mr. Lupini. Have a good trip.

S : 바클레이의 미스 리입니다.

C : 대부계의 미스터 홍 부탁드립니다.

S : 죄송합니다만 지금 자리에 안 계신데요. 누구십니까?

C : 루피니. L-U-P ...

S : 타미의 T 자인가요?

C : 아닙니다. 피터 할 때의 P입니다. P-I-N-I

S : L-U-P-I-N-I? 맞습니까?

C : 맞습니다.

S : 전하실 말씀 있으세요?

C : 예, Mr. Hong에게 제가 오늘밤 서울을 떠나고 East London에 도착한 후 전화드리겠다고 전해주세요.

S : 물론이죠. 당신이 오늘밤 서울을 떠나고 East London에 도착한 후 전화드리겠다고 말씀 전해드리겠습니다.

C : 고맙습니다. 안녕히 계세요.

S : 안녕히 계세요, 루피니 씨. 좋은 여행 되세요.

---

1) Loan Department 대부계

2) East London South Africa의 도시이다.

3) get to ~ ~에 도착하다.

DIALOGUE 3 이름과 회사명 확인하기

Secretary : S　　Caller : C

S : Mr. Taylor's office. How may I help you?[1)]

C : I'd like to speak to Mr. Taylor, please. This is Allec Scott of Proctor & Gamble.

S : I'm sorry, but Mr. Taylor is not in all morning.[2)]

C : When do you expect him back?

S : He is coming back this afternoon.
Would you like to leave a message?

C : Yes, please. Would you tell him to ring me as soon as he's back.
This is quite urgent.[3)]

S : All right, sir. May I have your name again?

C : Yes, Scott, S–C–O double T. Allec Scott.
My company name is Proctor & Gamble. That's P–R–O–C–T–O–R and G–A–M–B–L–E.

S : And your number, please?

C : 232–6950, The extension is 213.

S : 232–6950, extension 213? Is that right?

C : Right.

S : I'm sure he gets your message, Mr. Scott. Good bye.

S : 테일러 씨 사무실입니다. 무엇을 도와 드릴까요?

C : 테일러 씨 바꿔 주세요. 저는 Proctor & Gamble사의 Allec Scott입니다.

S : 죄송합니다만 테일러 씨는 오전 중에는 자리에 안 계신데요.

C : 언제 돌아오실까요?

S : 오늘 오후에 돌아오십니다. 말씀 전해 드릴까요?

C : 예, 부탁드립니다. 테일러 씨 돌아오시는 대로 제게 전화 주십시오. 매우 급한 건입니다.

S : 잘 알겠습니다. 성함을 다시 여쭤봐도 될까요?

C : 예, Scott, S-C-O double T. Allec Scott.
회사 이름은 Proctor & Gamble, P-R-O-C-T-O-R 그리고 G-A-M-B-L-E입니다.

S : 전화번호는요?

C : 232-6950, 내선번호 213입니다.

S : 232-6950, 내선번호 213 맞습니까?

C : 맞습니다.

C : 메시지 꼭 전해드리겠습니다. 스코드 씨, 안녕히 계세요.

Numberwork Summary Ⅳ

□ reading cardinal/ordinal numbers

기수(cardinal numbers)	서수(ordinal numbers)
one (1)	first (1st)
two (2)	second (2nd)
three (3)	third (3rd)
four (4)	fourth (4th)
five (5)	fifth (5th)
six (6)	sixth (6th)
nine (9)	ninth (9th)
fourteen (14)	fourteenth (14th)
twenty (20)	twentieth (20th)
twenty-one (21)	twenty-first (21st)

1) "What can I do for you?"는 "may I help you?"와 같은 의미이다.

2) He's not in all morning. 오전 내내 사무실에 계시지 않습니다.
all morning 오전 내내 / all afternoon 오후 내내

3) urgent 긴급한, 중요한

EXERCISE

1. 다음 대화에서 적절한 대답을 선택하시오.

C : Good morning, is that the accounting department?

S : Yes, (it is) / (I am).

C : I'd like to speak to Sara Adams, please.

S : (I am) / (This is) Sara Adams.

C : Hello, my name is Mark Ellis from Longman. (I call) / (I'm calling) about a bill we sent you.

S : Oh, you should speak to my colleague, Roger Kim. I' ll put you through to his extension.

C : Thank you.

S : The line's busy. (Are you holding?) / (Will you hold?)

C : Yes, (I am) / (I will).

S : I'm afraid the line is still busy. (Would) / (Could) you give me your number and (I) / (I'll) ask him to call you (again) / (back)?

C : Yes, certainly. It's 555-4328.

S : Thank you. Goodbye.

C : Goodbye.

2. 다음을 영어로 표현해 보시오.

- 성함의 철자를 불러 주시겠습니까?
- Uncle의 U입니다.
- 성함을 다시 한 번 알려주시겠어요?
- 2001년 9월 28일

3. 다음의 상황을 넣어서 dialogue를 완성하시오.

- 비서는 기린물산(Kirin Company)의 사무실에 근무함.
- 상사 회의 중에 Westing House의 Anthony Comish로부터 전화가 옴.
- 비서는 상대방 이름의 철자를 확인함.
- 상사가 회의 마치는 대로 Comish 씨에게 전화 해 주기를 요망함.

잠시쉬어갑시다 ❶

Common Errors

우리는 무수히 많은 외래어를 거의 매일 일상에서 사용하고 있다. 그 중에는 영어이지만 원어민이 알아 듣지 못하는 표현도 매우 많다. 하나씩 살펴보도록 하자.

① **I would like to make a banana shake. Do you have a *mixer*? (blender)**

*mixer*와 *blender*에는 큰 차이가 있다. 밀가루 등을 갤 때, 건설현장에서 사용하는 시멘트 등을 섞을 때 *mixer*라는 기구를 사용하지만, 가정에서 과일 또는 음식을 액체 상태로 혼합할 때는 *blender*를 사용한다.

② **My *hand phone* is broken. (cellular phone 혹은 cell phone, mobile phone)**

손으로 받아서 *hand phone* 인가요? 가지고 다닐 수 있는 전화는 mobile *phone* 또는 *cellular phone*이라 한다.

③ **Sorry, we can't give you a *vinyl bag*. (plastic bag)**

쇼핑용 비닐 백을 줄 수 없다는 말이다. 하지만 이때 영어로는 plastic bag 이라 한다. *vinyl*은 *plastic*의 화학적 원료명이다. 참고로 미국에서는 물건을 사면 *plastic bag*이 아닌 *brown paper bag*에 담아준다.

④ **Did you read the *plancard*? (placard or banner)**

'벽보' 또는 '게시된 내용의 판' 그리고 데모할 때 들고 다니는 판을 *placard*라 하고 벽에 걸려 있는 커다란 현수막은 *banner*이다(영어에 '프랭카드'란 말은 없지요).

⑤ **Jane, can I borrow your *one piece* for tonight's party? (dress)**

원피스를 빌려 달라는 말이지요? 아마 위아래가 붙어 있어서 한 조각이므로 *one piece*라 불렀나 봅니다. 하지만 영어로는 dress라고 해야 옳지요.

⑥ **My *car handle* is not working properly. (steering wheel)**

자동차의 핸들은 *steering wheel*이라 한다. *handle*은 단순히 손잡이 또는 고리를 의미한다.

⑦ **Let's go *eye shopping*. (window shopping)**

'아이쇼핑' 이라는 말을 원어민이 들으면 "눈을 사러 간다고?"라고 이해하고는 깜짝 놀라며 눈이 휘둥그레질 것이다. 물건은 사지 않고 진열장 창문 넘어 물건을 구경만 하는 쇼핑은 *window shopping*이라 한다.

6. International Call & Answering Machine

1) International Call

(1) ISD(International Subscriber Dialogue : 국제다이얼통화)

전국 어디서나 국제자동식별번호, 상대방 국가번호, 지역번호, 전화번호 순서대로 돌리면 된다. 001, 002 또는 008→상대방 국가번호→지역번호→전화번호 순이고, 예를 들어 일본 도쿄에 있는 584-4644를 걸려면 001 또는 002(국제자동식별번호)→81(일본국가번호)→3(도쿄지역번호)→584-4644(상대방 전화번호)을 순서대로 다이얼을 돌린 후 잠시 기다린다.

- 홍콩의 경우처럼 국가가 작을 경우는 지역번호가 없는 경우도 있다.
- ISD를 이용할 때는 상대편 국가의 시간을 고려하여 전화를 하는 기본적인 예의가 필요하다.
- 주말, 주중 등 시간대에 따라서 요금이 차이가 난다.

(2) Colllect Call(수신자부담통화)

통화를 신청한 사람이 요금을 지불하지 않고, 받는 쪽에서 요금을 내는 통화이다. 즉, 요금을 수신인이 지불하는 것이다. 신청자가 "collect call"을 요구하면 교환원이 상대방에게 요금 지불 여부를 확인하여 상대방이 승낙할 경우에만 연결해 준다.

- collect call을 받을 때 주의할 점
  외국 교환원이 collect call의 승낙 여부를 물어볼 경우 "Yes" 또는 "No" 라고 명확하게 대답해야지 가만히 있으면 승낙하는 것으로 알고 전화를 연결해 준다. 예를 들어 국제 교환원이 "*We have overseas collect call for Mr. Kim from Mr. Lamb of Chicago. Will you accept the call*?

(시카고의 미스터 램으로부터 미스터 김에게 국제 콜렉트 전화입니다. 받으시겠어요?)" 하고 물으면 "Yes"라고 대답할 수도 있고 "No"라고 답할 수가 있다. "Yes"라고 했을 경우에만 미스터 김 쪽에 전화요금이 부과된다.

• "요금을 지불하시겠습니까?"의 다른 표현은
Will you accept the charges?
Will you pay for the call?
이에 대한 대답은 "Yes, I will(accept them)."
또는 "No, I won't."라고 대답하면 된다.

(3) 기타 유용한 표현

① 전화를 걸때, "--하고 싶습니다"의 표현

I'd like to make an international call to China.

중국으로 국제전화를 걸고 싶습니다.

I'd like to place an collect call.

수신자부담 전화를 걸고 싶습니다.

I'd like to get an international calling card.

국제전화카드를 사고 싶습니다.

② 요금을 묻는 표현

How much is an international phone call to China?

중국으로 국제전화를 걸면 얼마입니까?

How much is this international calling card?

이 국제전화카드는 얼마입니까?

How much is your international calling plan per minute?
국제전화요금이 1분당 얼마입니까?

2) Answering Machine(자동응답기)

자리를 비울 경우 전화 메시지를 받기 위해서 대부분의 비서들은 전화자동응답기나 voice mail을 이용하고 있다. 이 자동응답기나 voice mail 메시지를 요청할 때 사용되는 영어 표현과 메시지를 남길 때 사용되는 영어 표현은 다음과 같다.

① 메시지 요청(OGM : Outgoing Message)[1]

This is Miss Kim, Mr. Brown's secretary. I'm sorry I can't take your phone call at the moment. If you want to leave a message, please speak after the tone. I'll get back to you as soon as I can. Thank you for calling. Good bye.

저는 Brown 씨의 비서인 Miss Kim입니다. 죄송합니다만 지금 전화를 받을 수 없습니다. 메시지를 남기시려면 삐소리 후에 말씀해 주십시오. 되도록 빨리 연락드리겠습니다. 고맙습니다. 안녕히 계세요.

This is Young Mee Kim. I'm sorry I'm not able to answer the phone at the moment as I'm on a business trip until next Tuesday. If you like to leave a message, please do after the beep.[2] In ask of any urgency, please contact Mrs. M. S. Lee, extension 242. Thank you.

안녕하세요. 김영미입니다. 죄송합니다만 지금 출장 중이라 다음 주 화요일까

1) outgoing message(OGM) 집 주인이 자동응답기에 남기는 메시지
2) the beep 삐소리 beeper 삐삐 호출기

지는 전화를 받을 수 없습니다. 신호음 후에 메시지를 남겨주세요. 혹시 급한 일이시면, 내선번호 242의 Mrs. M. S. Lee에게 연락해 주십시오. 감사합니다.

• 회사의 자동응답 메시지

Thank you for calling HK Communications. Our business hours are Monday through Friday, from 9 a.m. to 6 p.m. We are closed now. Please leave a short message, and we'll get back to you as soon as possible.

HK 커뮤니케이션에 전화해 주셔서 감사합니다. 저희 영업시간은 월요일부터 금요일, 오전 9시부터 오후 6시까지입니다. 지금은 업무가 종료되었습니다. 메시지를 남기시면 최대한 빨리 연락드리겠습니다.

② 메시지 남기기(IGM : Ingoing Message)[1)]

This is H. K. Park of City Bank. It's 10:50 a.m. Tuesday, November 2nd. I was calling to let you know that we don't need your project report until next Friday. You don't need to return my call. Bye.

저는 City은행의 H. K. Park입니다. 지금은 11월 2일 화요일 오전 10시 50분입니다. 귀사의 보고서가 다음 주 금요일까지 필요하지 않다는 점을 알려드리고자 전화 드렸습니다. 저에게 다시 전화 주시지 않으셔도 됩니다. 안녕히 계십시오.

This is C. J. Park of Barclays. I'm calling to let you know that we need some other documents for the NY project. And I need to speak to you urgently. Please call me back as soon as possible. Thank you.

1) ingoing message(IGM) 전화 건 사람이 응답기에 남기는 메시지

저는 Barclays사의 C. J. Park입니다. NY 프로젝트건에 대한 몇 가지 서류가 추가적으로 필요하여서 전화 드렸습니다. 급히 통화하고 싶으니 가능한 빨리 제게 전화 주십시오. 감사합니다.

Office Tip!!

• 시차에 주의하자

해외 전화를 사용할 때 상대방이 부재일 경우 "내일 ~시경에 다시 전화를 걸겠습니다." 하면서 이쪽 시각으로 이야기하는 것은 실례다. 말한 시각이 상대방에게는 한밤중 또는 이른 아침일 수도 있기 때문이다. 그러므로 상대국 시간으로 약속을 정하거나 이야기하는 배려가 필요하다. 최근에는 한국통신, 데이콤 등의 통신회사에서 전화를 걸기 전에 상대국의 시간을 확인해 주는 서비스를 제공하고 있다.

• Time Zones 시간대

GMT(Greenwich Mean Time)	그리니치 표준시, 시간대의 기준
Tokyo Time Zone(동경표준시, GMT + 9:30)	우리나라의 표준시와 동일
ET(Eeastern time)	미국 동부 표준시
PT(Pacific time)	태평양 표준시
CET(Central eastern time)	미국 중동부 표준시
CT(Ccentral time)	미국 중부 표준시
standard time	표준시간
daylight saving time	일광절약시간(서머타임)

☐ date

미국식

September 7 (9/7)	September seventh
May 22 (5/22)	May twenty-second

영국식

7 September (7/9)	the seventh of September September the seventh
22 May (22/5)	the twenty-second of May May the twenty-second

DIALOGUE 1

수신자 부담 통화 1

(International Call) Operator : O Secretary : S

O : Overseas operator calling. We have an international call for Mr. Chung from Mr. S. Min in Singapore.

S : I'm sorry, but he's on a business trip to New York.

O : Do you know the number in New York?

S : Yes, just a moment, please. Thank you for waiting.
The number in New York is (212) 566-1114.

O : 국제전화국입니다. 싱가포르에 있는 Mr. S. Min으로부터 Mr. Chung을 찾는 국제전화입니다.

S : 죄송합니다만 Mr. Chung은 지금 뉴욕 출장 중이신데요.

O : 뉴욕 연락처를 알고 계십니까?

S : 예, 잠시만 기다리십시오. 뉴욕 연락 전화번호는 212-566-1114입니다.

DIALOGUE 2 수신자 부담 통화 2

Operator : O Secretary : S

O : This is the United States operator. Is this 345-3454?

S : Yes, it is.

O : We have an overseas collect call for Mr. Kim from Mr. John Smith of Pittsburgh. Will you accept the charges?

S : Yes, thank you.

O : Your party[1)] is on the line. Go ahead, please.

O : 미국 교환원입니다. 345-3454입니까?

S : 그렇습니다.

O : 피츠버그에 있는 존 스미스 씨로부터 미스터 김에게 국제 콜렉트 콜입니다. 요금을 지불하시겠습니까?

S : 네. 감사합니다.

O : 존 스미스 씨 연결되었습니다. 어서 말씀하시죠.

1) 여기서 party는 상대방인 John Smith를 의미함

수신자 부담 통화 3

Operator : O　　Secretary : S

O : This is the United States operator. Is this (02) 737-1145?[1)]

S : Yes, it is.

O : Mr. James Martin is calling Mr. S. K. Kim collect. Will you accept the call?

S : Yes, we will.

O : 미국 교환원입니다. 737-1145입니까?

S : 그렇습니다.

O : 제임스 마틴 씨가 미스터 김에게 국제 콜렉트 콜을 신청했습니다. 요금을 지불하시겠습니까?

S : 네. 지불하겠습니다.

1) 상대방의 전화번호를 확인할 때는 "Is this ○○○-○○○○?" 표현을 사용한다.

DIALOGUE 4 수신자 부담 통화 4

Operator : O　　Secretary : S

O : This is the United States operator. Is this (02) 737-1145?

S : Yes, it is.

O : Mr. James Martin is calling Mr. S. K. Kim collect. Will you accept the call?

S : Mr. Kim is not in now.
This is Mr. Kim's secretary. I'll accept the call.

O : All right.

O : 미국 교환원입니다. 737-1145입니까?

S : 그렇습니다.

O : 마틴 씨가 미스터 김에게 국제 콜렉트 콜을 신청했습니다. 요금을 지불하시겠습니까?

S : Mr. Kim은 지금 자리에 안 계십니다. Mr. Kim의 비서인데 제가 전화 받겠습니다.

O : 네. 알겠습니다.

DIALOGUE 5 국제전화 요금문의

Customer : C　　Operator : O

C : What kind of international calling plan do you have?

O : What country will you be calling?

C : China and Singapore.

O : OK. China is 200 Won a minute, and Singapore is 250 Won a minute.

C : I see. Do you sell any pre-paid cards?

O : Yes. We have 50,000 Won ones and 100,000 Won ones.

C : I'd like to buy a 50,000 Won one, please.

C : 국제전화 요금제가 어떤 것이 있나요?

O : 어느 국가로 거실 겁니까?

C : 중국하고 싱가포르입니다.

O : 예. 중국은 분당 200원이고, 싱가포르는 250원입니다.

C : 혹시 선불카드를 판매하시나요?

O : 예. 오만 원짜리와 십만 원짜리가 있습니다.

C : 오만 원짜리 한 장 사고 싶습니다.

EXERCISE

1. 다음의 내용을 우리말로 고치시오.

- In ask of any urgency, please contact Mrs. M. S. Lee, extension 242. Thank you.
- I'm calling to let you know that we need some other documents for the NY project.
- Would you like to hold the line, or shall I have him call you back?
- He's gone for the day.
- No, thank you. I'll call back later. It's not urgent.
- Please tell him that I'll leave Seoul tonight and that I'll call him when I get to East London.

2. 다음 전화용어에 관한 crossword puzzle(십자말풀이)을 풀어 보시오.

A	B	C	V	B	O	O	T	H	D	E	F
U	G	C	O	N	F	E	R	E	N	C	E
O	R	A	I	P	U	B	L	I	C	B	C
V	D	G	C	E	F	L	G	A	B	C	E
E	A	R	E	A	C	O	D	E	O	J	L
R	E	F	M	N	J	C	A	B	C	V	E
S	G	P	A	Y	T	A	R	D	C	H	E
E	H	L	I	Y	B	L	L	D	P	I	O
A	C	O	L	L	E	C	T	C	A	L	L
S	I	Y	T	O	E	A	W	C	Y	O	P
W	Q	R	Y	N	R	L	U	I	W	Y	U
E	A	F	H	G	W	L	J	K	Y	R	H

URGENT, VOICE MAIL, AREA CODE, LOCAL CALL, COLLECT CALL, CONFERENCE, LONG, PAY, BOOTH, OVERSEAS, PUBLIC

7. Reservation & Appointment

전화응대에서 좀 더 복잡한 단계로, 비서는 상사의 일정을 확인하여, 예약이나 약속을 받거나 할 경우도 있다. 이것은 비서 간에 이루어질 수도 있고, 비서가 상사를 대신하여 약속을 상대방에게 전달할 수도 있다. 어떠한 경우든지 날짜(date), 시간(time), 장소(place), 목적(purpose)을 확인하도록 한다. 또한 쌍방이 편한 시간으로 정해야 하므로 상사의 일정을 정확히 파악하고 있어야 하며, 이쪽에서 편리한 시간을 먼저 제시할 수도 있다.

(1) 약속 또는 예약 시 필요한 표현

이 표현들은 자주 사용되므로 반드시 암기하여 자유자재로 사용할 수 있도록 훈련한다.

- 약속을 하다.
  make an appointment
  make an appointment with him
- 일정을 확인해 보다.
  I'll check Mr. Kim's schedule.
  Let me check his schedule.
- 그는 내일 오전 중에는 시간이 있다.
  He'll be free tomorrow.
  He'll be available at tomorrow morning.
- 시간을 제안하고 나서 그 시간이 괜찮으시겠습니까?
  Will that be all right with you?
  Will that be convenient for you?
- 몇 시가 편리하시겠습니까?
  What time is convenient for you?

- 언제 시간이 되시는지 말씀해 주시겠습니까?
  Could you tell me when she's available?
- 무슨 일인지 여쭤봐도 되겠습니까?
  May I ask what it's about?
- 오늘 밤 약속에 관한 것입니다.
  It's about our appointment tonight.
- 개인적인 것입니다.
  It's personal.

DIALOGUE 1 약속을 받는 경우

Secretary : S Caller : C

S : Mr. Brown's office. Miss Kim speaking.

C : This is Tom Johnson of the Citibank.

S : Oh, good morning, Mr. Johnson.

C : Good morning, Miss Kim. I'd like to make an appointment with Mr. Brown within a couple of days,[1] if it's possible.[2]

S : I see. Would you please hold on?[3] Let me check Mr. Brown's schedule...... Thank you for waiting, Mr. Johnson. He has a full day tomorrow[4] and won't be available until 4 o'clock Thursday. Can you wait till Friday morning?

C : I'm sorry. I'll be out of town on Friday. How about after 4 o'clock Thursday?

S : I'll ask him if it is OK.[5]

C : Thank you.

S : I'm sorry to have kept you waiting,[6] Mr. Johnson. Mr. Brown will be glad to see you at 4:30 on Thursday.

C : Good. Thanks a lot. I'll be coming by 4:30 Thursday, then. Good-bye.

S : Good-bye, Mr. Johnson.

S : 브라운 씨 사무실 미스 김입니다.

C : 저는 시티은행의 탐 존슨입니다.

S : 아! 안녕하세요? 존슨 씨

C : 안녕하세요? 저는 브라운 씨와 가능하다면 수일 내로 만나 뵙고 싶습니다.

S : 잠시만 기다려 주세요. 브라운 씨의 일정을 확인해 보고요. 기다려 주셔서

감사합니다. 브라운 씨는 내일은 일정이 꽉 찼고 목요일 4시까지는 시간이 없습니다. 금요일 아침까지 기다리실 수 있으시겠습니까?

C : 죄송합니다. 금요일에는 제가 출장을 갑니다. 목요일 오후 4시 이후는 어떨까요?

S : 괜찮은지 브라운 씨에게 여쭈어 보겠습니다.

C : 감사합니다.

S : 기다리게 해서 죄송합니다. 브라운 씨는 목요일 4시 30분에 당신을 만나실 수 있다고 합니다.

C : 좋습니다. 감사합니다. 그러면 목요일 4시 30분에 가겠습니다.

S : 안녕히 계십시오. 존슨 씨.

상사의 일정을 결정할 때는 반드시 상사에게 확인하도록 한다.

---

1) a couple of days 수일, 이삼 일
a couple of months ago 몇 달 전에
a couple of years ago 몇 년 전에, 수년 전에

2) if it's possible 가능하다면
I'll be there if it's possible 가능하다면 거기 가겠다.

3) Would you please hold on?은 hold on의 매우 정중한 표현, 기다려 주시겠습니까?
비서는 이러한 정중한 표현을 쓰는 것이 좋다.

4) 여기서 full은 시간이 꽉 찼다는 의미로 사용됨. 숙어처럼 외워두면 편리하다.
He has a full day today. 그는 오늘 일정이 꽉 찼다. 즉 시간이 없다는 의미

5) if it is OK. 괜찮다면, if it is alright의 보다 구어적인 표현

6) I'm sorry to have kept you waiting. 기다리게 해서 죄송합니다. 비서가 자주 쓰는 말이므로 암기하도록 한다.

DIALOGUE 2 상사의 약속을 대신 전화하는 경우

Secretary1 : S1   Secretary1 : S2

S1: Good morning. Is that Sales Manager's office?

S2: Yes, it is. How can I help you?

S1: I'm Miss Chang, secretary to Mr. Brown,[1] Vice President of Daewoo Company. Mr. Brown would like to see him to discuss the new products around[2] this week, if that is convenient.

S2: Yes, Miss Chang. I shall have to check with the Sales Manager. May I call you back?

S1: Certainly. I'll be here all morning. My number is 233-3423 extension 143.

S1: 안녕하세요? 영업부장님 사무실입니까?

S2: 예, 그렇습니다. 무엇을 도와 드릴까요?

S1: 저는 대우의 부사장인 브라운 씨의 비서 미스 장입니다. 브라운 씨는 영업부장님과 신제품에 관해 괜찮으시다면 이번 주에 뵙고 의논하시고자 합니다.

S2: 네, 알았습니다. 미스 장. 영업부장님께 확인을 해야 될 것 같습니다. 전화를 다시 드려도 될까요?

S1: 그럼요, 저는 오전 내내 사무실에 있습니다. 전화번호는 233-3423이고 교환은 143번입니다.

1) secretary to Mr. Brown. Mr. Brown의 비서. '~의 비서' 라 할 때 전치사 'to' 를 쓴다.

2) around. 여기서 around는 시간 앞에 '~경에' 라는 뜻으로 쓰임.

DIALOGUE 3 비서가 상사를 대신하여 약속하는 경우

Secretary : S　　Mr. Johnson : C

S : (dial)

C : Furniture Department. May I help you?[1)]

S : Could I speak to Mr. Johnson, please?

C : Speaking.

S : Hello, Mr. Johnson. This is Miss Kim, secretary to Mr. Brown of the Dew Corporation.

C : Oh, hello, Miss Kim. How are you?

S : I'm fine, thank you. And you?

C : Just fine.

S : Well, do you have swivel chairs[2)] at your store now?

C : Yes, we do.

S : Mr. Brown would like to buy one for his office. Could you come around and take him to your show-room?

C : Certainly. When shall I come?[3)]

S : Mr. Brown will be free from two to three on Friday. Is it convenient for you?

C : Just a minute, please. .... Yes, Miss Kim. I can come to your office around two o'clock Friday.

S : Thank you. I'll see you, then.

C : Thank you for calling,[4)] Miss Kim. Good-bye.

S : Good-bye.

S : (전화를 검)

C : 가구부입니다. 무엇을 도와 드릴까요?

S : 존슨 씨 계십니까?

C : 전데요.

S : 안녕하세요. 존슨 씨 저는 듀사의 브라운 씨 비서 미스 김입니다.

C : 아! 안녕하세요. 미스 김? 어떻게 지내세요?

S : 잘 지냅니다. 당신은요?

C : 저도 잘 있습니다.

S : 존슨 씨, 당신 매장에 회전의자가 있나요?

C : 네, 있습니다.

S : 브라운 씨가 사무실에 놓으려고 회전의자를 사려고 합니다. 오셔서 그를 당신 전시장에 모시고 가실 수 있으신지요?

C : 그럼요, 제가 언제 갈까요?

S : 브라운 씨는 금요일 2시에서 3시 사이에 한가하십니다. 괜찮으십니까?

C : 잠시만요, 네. 미스 김. 제가 금요일 2시 경에 갈 수 있습니다.

S : 감사합니다. 그때 뵙겠습니다.

C : 전화 주셔서 감사합니다. 안녕히 계십시오.

S : 안녕히 계세요.

---

1) May I help you? 무엇을 도와 드릴까요? 무슨 용건이죠? 같은 말로는 "What can I do for you?" 전화의 첫머리, 또는 손님 방문 시 또는 백화점이나 가게에서 점원들이 손님들께 많이 쓰는 표현이다.

2) swivel chair 회전의자

3) When shall I come? 이 표현은 외워두면 많이 활용될 수 있다. 예를 들어 우리 언제 만날까? "When shall we meet?" 어디서 만날까? "Where shall we meet?" 등등

4) Thank you for calling. 전화 주셔서 감사합니다. 전화 끊을 때 "good-bye"와 함께 많이 사용된다.

DIALOGUE 4 비서가 상사를 대신하여 약속을 변경하는 경우

Secretary1 : S1　　Secretary2 : S2

S1 : Mr. Scott's office, Mary Young speaking.

S2 : Good morning. This is Miss Kim, Mr. Taylor's secretary.

S1 : Good morning, Miss Kim. What can I do for you?

S2 : As you know, Mr. Kim has an appointment with Mr. Scott today at 3 o'clock. But we are afraid we have to cancel it.[1]

S1 : But didn't we make that appointment a long time ago?

S2 : Yes, I'm terribly sorry. Something urgent came up. We hope we can reschedule[2] the appointment next week.

S1 : I see.

S2 : I'm sorry again.

S1 : That's fine. Good bye

S1 : 스코트 씨 사무실의 Mary Young입니다.

S2 : 안녕하세요. 저는 테일러 씨 비서인 Miss Kim입니다.

S1 : 안녕하세요, Miss Kim. 무엇을 도와 드릴까요?

S2 : 잘 아시겠지만 Mr. Kim이 오늘 오후 3시에 스코트 씨와 약속이 되어 있습니다. 그런데 죄송하지만 약속을 취소해야 할 것 같아요.

S1 : 그 약속은 이미 오래전에 하지 않았나요?

S2 : 네, 너무나도 죄송합니다. 갑자기 급한 일이 생겼습니다. 다음 주에 약속을 다시 잡을 수 있을까요?

S1 : 네, 알았습니다.

S2 : 거듭 죄송합니다.

S1 : 괜찮습니다. 안녕히 계세요.

1) cancel 취소하다.(=call off)

2) reschedule 다시 일정을 잡다.

EXERCISE

1. 상사의 약속을 대신해서 비서가 전화하는 경우이다. 다음 대화를 완성하시오.

S1 : Good morning. Is this Sales Manager's Office?

S2 : Yes, it is. How can I help you?

S1 : I'm Miss Chang, secretary (   ) Mr. Brown, Vice President of Daewoo Company. Mr. Brown would like to (   ) him to discuss the new products around this week, if that is (   ).

S2 : Yes, Miss Chang. I shall have to check with the Sales Manager. May I call you (   )?

S1 : Certainly. I'll be here all morning. My number is 233-3423 extension 143.

2. 다음을 영어로 표현하시오.

- 서울로 국제전화를 하고 싶습니다.
- 어느 분과 통화를 원하십니까?
- 전화를 끊으시고 잠시 기다려 주십시오.
- 상하이에 있는 김영철 씨로부터 강영식 씨에게 국제 콜렉트 콜입니다. 요금을 지불하시겠습니까?
- 상대방이 연결되었습니다.
- 브라운 씨와 수일 내로 만나 뵙고 싶습니다.
- 브라운 씨을 일정을 알아보겠습니다.
- 죄송합니다만 오늘 오후 약속을 취소해야 될 것 같습니다.

2. 다음의 상황을 넣어서 dialogue를 완성하시오.

- 비서는 Shin Young Electronics의 부사장인 Mr. Brown의 비서임
- Unilever사의 Mr. Kim이 오늘 3시에 상사를 만나기를 원함. 안되면 내일 오전 10시도 괜찮다고 함.
- 상사인 Mr. Brown은 오늘 2시부터 회의가 있고 내일 오후 1시에 부산으로 출발할 예정이다. 비서는 부사장에게 확인하여 내일 오전 10시로 약속을 정함.

Ⅲ. Greeting Visitors

Ⅲ Greeting Visitors

내방객 응대란 회사에 온 사람을 맞이하여 배웅까지의 응대를 말한다. 비서는 특별히 상사를 대신하여 손님을 응대하는 입장에 서 있으므로 회사나 상사의 이미지와 직결되는 중요한 위치에 있다. 따라서 상대방에게 회사와 상사에 대한 좋은 인상을 주고, 예를 갖추어 접대하기 위해서는 마음속에서 우러나는 바람직한 응대 자세를 갖는 것이 중요하다.

내방객 응대의 기본 자세

- 내방객의 기분을 배려하면서 성심 성의껏 돕는다.
- 누구에게나 공평하고 정중하게 대한다. 즉, 내방객은 예약순서, 선착순, 접수순으로 안내한다.
- 늘 상냥하게, 그러나 복창을 함으로써 확실하게 처리한다.
- 상대방의 성명, 소속, 용건을 실례가 되지 않는 범위에서 예의바르게 물어본다.
- 내방객이 오래 기다리지 않도록 하며, 기다리게 할 경우에는 이유를 설명한다.
- 상사의 확인 없이 손님을 상사 방으로 안내하지 않도록 한다.

1. Basic Information

(1) 손님맞이

① 손님이 들어오면 상냥하게 인사를 하며 맞이한다

- Good morning. May I help you?
- Good morning. What can I do for you?
- How can I help you?
- Welcome to our company.
- Is there anything I can do for you?

② 예약이 되어 있는 아는 손님일 경우는

- Mr. Johnson? We have been expecting you.
  (존슨 씨죠? 기다리고 있었습니다.)
- Good morning, Mr. Johnson. Mr. Kim is expecting you.
  (안녕하세요? 존슨 씨, 사장님께서 기다리고 계십니다.)
  ⇒ "He is expecting you." 대신에 "He is waiting for you."를 사용해도 됨.

(2) 용건확인

① (오신 용건을) 말씀해 주시겠습니까?

- Could you tell me the nature of your business?
- Could you tell me what you want to see him about?
- Could you tell me the business affairs?
  ⇒ business affairs 용무

② 어느 분을 만나시기를 원하시는지요?

- Is there anyone in particular you'd like to see?
- Who do you want to see, may I ask?

(3) 장소를 물을 때의 표현

① 테일러 씨 사무실이 어디인지 알려주시겠습니까?

- Could you tell me where Mr. Taylor's office is?
- How can I get to Mr. Taylor's office from here?
- I'd like to know where Mr. Taylor's office is.

② 층을 물을 때의 표현

- 테일러 씨 사무실이 몇 층에 있습니까?
  What floor is Mr. Taylor's office on?
- 8층입니다. 엘리베이터를 타고 8층까지 올라가세요. 엘리베이터는 코너 끝에 있습니다.
  It's on the 8th floor. Please take the elevator and go up to the 8th floor. There's an elevator at the end of the corner.
- 1층에 있습니다.
  It's on the first floor.
- 지하입니다.
  It's in the basement.

(4) 장소를 설명할 때나 안내할 때의 표현

① 장소를 설명할 때

- It's [next to / opposite / behind / before / In front of] the Sales Department
- 테일러 씨 사무실 왼쪽편에 있다.
  It's on the left of Mr. Taylor's office.
- 테일러 씨 사무실 오른편에 있다.
  It's on the right of Mr. Taylor's office.
- 복도 끝에 있다.
  It's at the end of the corridor.
- 모퉁이 근처에 있다.
  It's just around the corner.
- 복도를 쭉 따라가십시오.
  Go straight along this hall.
  Go straight down this corridor.
- 복도 끝까지 걸어가십시오
  Walk to the end of the hall.
- 다음 코너에서 왼쪽으로 도십시오.
  Turn left at the end of the hall.
  Turn right next corner.
- 저쪽에 있는 엘리베이터(에스컬레이터, 계단)를 이용하여 3층으로 가십시오.
  Take the elevator(escalator, stairs) over there to the third floor.

② 복도나 엘리베이터의 안내

• 이쪽으로 오십시오.
Would you come this way, please?
This way, please.
• 제가 안내해 드리겠습니다.
I'll show you the way.
Let me take the way.
Let me show you over.
• 복도 끝 왼쪽 방입니다.
You will find the room on your left at the end of the hall.

(5) 응접실 안내 및 자리 권하기

• 이쪽으로 오십시오. 여기 앉으시지요.
This way please. Have a seat, please.
• 여기에 앉으셔서 잠시만 기다려 주십시오.
Would you please have a seat and wait for a few minutes?

(6) 물건이나 코트, 모자 등의 소지품이 있는 경우

• 코트를 보관해 드릴까요?
Would you like me to take your coat?
또는 May I take your coat?
• 가방을 저에게 주십시오.
Let me take your bag.
• 모자를 저에게 주십시오.
Let me take your hat.

- 모자를 여기다 걸을까요?
  Shall I hang your hat here?

(7) 차 대접

차를 대접할 경우, 반드시 상대방의 취향을 물어보고 그에 맞게 대접하도록 한다.

- 마실 것 좀 드릴까요?
  Would you like something to drink?
- 커피나 차를 드시겠습니까?
  Would you care for coffee or tea?
  Would you prefer coffee or tea?
- 커피를 어떻게 해서 드릴까요?
  How would you like your coffee?
- 크림과 설탕을 넣으시겠습니까?
  Would you like it with cream and sugar?

- 흔이 잘못 사용하는 표현으로, 커피에 넣는 크림을 프림이라고 하는데 이것은 하나의 상표명일 뿐이다. 그래서 외국인에게 '*cream*' 대신에 '*preme*' 이라고 하면 못 알아듣는다.

이처럼 상표명이 혼동되어 사용되는 예로는 바바리 코트(*Burberry coat* : 영국 의류회사의 상표명)의 올바른 표현은 *trench coat*, 크리넥스(*Kleenex* : 미국 화장지 회사의 상표명)의 올바른 표현은 tissue 등이 있다.

(8) 배웅

• 방문해 주셔서 감사합니다.

Thank you for visiting our company

• 안녕히 가십시오. 즐거운 여행되세요.

Have a nice trip

• 만나서 반가웠습니다.

I was glad to meet you.

It was nice to see you.

Personalities(성격)

Office Tip!!

근면한	hard-working	신뢰할만한	reliable
믿을 수 있는	trustworthy	침착한	calm
열성적인	enthusiastic	정리된	well-organized
예의바른	polite	명랑한	cheerful
조용한	quiet	분별있는	sensible
따듯한	warm	부드러운	gentle
참을성 있는	patient	재미나는	amusing
게으른	lazy	신뢰할 수 없는	unreliable
사람을 속이는	deceitful	흥분하기 쉬운	excitable
일에 관심이 없는	uninterested	무질서한	chaotic
무례한	rude	분별없는	silly
냉정한	coldhearted	화난	angry
인색한	mean	거만한	haughty
까다로운	difficult	우유부단한	indecisive

2. Greeting Visitors with Appointment

DIALOGUE 1

예약된 손님응대 1

Secretary : S Visitor : V

S : Good afternoon, Mr. Robinson. How are you?
V : Just fine, thank you, Miss Lee.
S : Mr. Kim is expecting you, Mr. Robinson. Please go right in.
V : Thank you.

S : 안녕하세요, 로빈슨 씨. 잘 지내셨습니까?
V : 예, 좋습니다. 고마워요, 미스 리.
S : 사장님께서 기다리고 계시니, 바로 들어가시면 됩니다.
V : 고맙습니다.

- 상사와 면담 약속이 되어 있는 손님의 경우는 용건을 물어보지 않는다.

DIALOGUE 2 예약된 손님응대 2

Visitor : V　　Secretary : S

V : Good morning, Mrs. Choi.

S : Good morning, Mr. Frank.
Mr Johnson is expecting you.
Could you come this way, please?
(To Mr. Johnson)
Mr. Johnson, Mr. Frank is here.

V : 안녕하십니까?

S : 안녕하세요, 프랭크 씨. 사장님께서 기다리고 계십니다.
이쪽으로 오십시오.
(상사에게)
사장님, 프랭크 씨 오셨습니다.

DIALOGUE 3 예약된 손님응대 3

Secretary : S　　Visitor : V

S : Good morning, may I help you?

V : Good morning. I have an appointment with Mr. Kim of Finance Department at ten o'clock.

S : May I have your name, please?

V : I'm Richard Nickson of National Company.

S : Mr. Nickson, I'll let him know that you are here. Just a moment, please?

S : 안녕하십니까? 무슨 일로 오셨습니까?

V : 안녕하세요. 저는 경리부의 Mr. Kim과 10시에 약속이 되어 있습니다.

S : 성함이 어떻게 되시나요?

V : 저는 내셔널사의 리차드 닉슨이라고 합니다.

S : 닉슨 씨, 당신이 오셨다는 것을 Mr. Kim께 알려 드리겠습니다. 잠시 기다려 주십시오.

DIALOGUE 4 예약된 손님과 상사 연결 1

Visitor(Mr. Carlson) : V   Secretary : S   Mr. Park : P

V : Good afternoon. My name is Carlson.

S : Mr. Carlson of Western Hotel?

V : Right. I am a few minutes early.[1)]

S : That's all right. I'll see if Mr. Park can see you now.[2)]
(by interphone)
Mr. Park? Mr. Carlson of Western Hotel is here for the two o'clock appointment.

P : Show him in,[3)] please.

S : Mr. Carlson, Mr. Park is available now. Would you come this way, please?

V : 안녕하십니까? 제 이름은 칼슨입니다.

S : 웨스턴 호텔의 칼슨 씨이십니까?

V : 맞습니다. 제가 몇 분 일찍 왔습니다.

S : 괜찮습니다. 사장님께서 지금 만나실 수 있는지를 알아보겠습니다.
(인터폰으로)
사장님, 2시에 약속된 웨스턴 호텔의 칼슨 씨가 지금 와 계십니다.

P : 들어 오시라고 하세요.

S : 칼슨 씨, 사장님께서 지금 만나실 수 있답니다. 이쪽으로 오시겠습니까?

---

1) I am a few minutes early. 조금 일찍 왔다는 표현. 반대로 조금 늦게 왔다는 "I am a few minutes late."

2) "I'll see if he's available"을 사용해도 됨. 그가 시간이 있는지를 알아보겠습니다.

3) show him in = send him in

DIALOGUE 5 예약된 손님과 상사 연결 2

Secretary : S　Visitor : V　Mr. Park : B

S : Can I help you?

V : I made an appointment with Mr. Park, Director of F&B.[1] My name is Miss Joan of Westing House.

S : Just a moment, please, Miss Joan.
(To Mr. Park)
Mr. Park, a Miss Joan[2] of Westing House is here. She told me she'd made an appointment with you.

B : Send her in, please.
(to Miss Joan)

S : Miss Joan, Would you come this way, please?

V : Thank you.

S : 무슨 일이시죠?

V : 저는 식음료부의 박 이사님과 약속을 했는데요. 제 이름은 웨스팅하우스의 미스 조안입니다.

S : 조안 양, 잠시만 기다리세요.
(상사에게)
이사님, 웨스팅 하우스의 미스 조안이라는 분이 오셨습니다. 이사님과 약속을 하셨다고 하시는데요.

B : 안으로 들어 오시라고 하세요.
(조안 양에게)

S : 조안 양, 이쪽으로 오시겠습니까?

V : 고맙습니다.

---

1) F&B(=Food & Beverage) 호텔의 식음료부를 뜻한다.

2) a Miss Joan '조안이라는 사람' 이란 뜻으로 여기서의 a는 a certain을 의미한다.
A Mr. Jones came to see you. "Jones라는 분이 당신을 만나러 왔었다."

3. Greeting Visitors without Appointment

DIALOGUE 1 **예약 안된 내방객 응대 1**

Secretary : S   Visitor : V

S : Good morning. May I help you?

V : Yes, please. I'd like to see Mr. Cha.

S : Do you have an appointment with him?

V : I'm afraid not. Here's my business card.

S : Mr. John Brown of HK? I'm sorry, but Mr. Cha is with a client at the moment. And you'd better[1] make an appointment with him in advance.[2] If you leave your business card,[3] we'll get in touch with[4] you.

V : I'm sorry, but can I wait for him?

S : Would you have a seat over there while I see if he's available.

V : Thank you.

S : 안녕하십니까? 무슨 일이시죠?

V : 네, 미스터 차를 만나고 싶은데요.

S : 약속을 하셨습니까?

V : 아니요. 여기 제 명함이 있습니다.

S : HK의 존 브라운 씨? 죄송합니다만, 미스터 차는 지금 손님과 함께 있습니다. 그리고 약속을 미리 하셔야 하는데요. 명함을 주시고 가시면 저희가 연락드리겠습니다.

V : 죄송합니다만 기다려도 될까요?

S : 잠시만 앉아서 기다려 주세요. Mr. Cha가 만나실 수 있는지 알아보겠습니다.

V : 감사합니다.

명함 받고 읽는 법

Office Tip!!

명함은 사회생활에서 소속과 직책, 성명을 알리는 것으로 언제든지 휴대하고 사용법과 취급하는 방법을 잘 알아두도록 한다.

① 명함을 줄 때

명함을 줄 때는 자신의 회사명, 소속, 이름을 밝히고 일어서서 공손히 인사를 하면서 건넨다. 자신의 이름을 상대방이 볼 수 있도록 돌려서 건넨다.

② 명함을 받을 때

상대가 명함을 건네 줄 때는 정중하게 다룬다. 가볍게 인사를 하면서 두 손으로 받아 손가락이 글자를 가리지 않도록 한다. 명함을 받았을 경우는 상대방을 보면서 상대방의 성명과 회사명을 읽도록 한다. 예를 들자면 "Mr. John Brown of Sampung."이다. 이름을 발음하기 어려운 경우는 얼버무리지 말고 죄송하다는 말과 함께 물어 보도록 한다.

③ 명함을 교환할 경우

명함을 교환할 경우에는 손아랫사람이 먼저 명함을 내 놓는다. 상대가 두 사람 이상일 경우에는 손윗사람에게 먼저 준다. 방문객의 경우는 방문한 사람이 먼저 명함을 주도록 한다.

---

1) you'd better ~(=you had better~) ~하는 것이 더 좋다.

2) in advance 먼저 또는 미리

3) name card / business card 명함, calling card 방문객 카드

4) get in touch with ~ ~와 연락하다. contact와 같은 의미

DIALOGUE 2 예약 안된 내방객 응대 2

Visitor : V　　Secretary : S

V : Excuse me. I'd like to see Mr. Yoon, Manager of Import Department.

S : Have you made an appointment?

V : No. I didn't think it was necessary.

S : Well, could you give me your name and some idea of the nature of your business?[1)]

V : I'm David Martin of Westing House. I'd like to discuss product packaging.

S : I see. I'll see if he's available now. Would you please wait for a while?

V : 실례합니다. 수입부의 윤 부장님을 만나고 싶은데요.

S : 약속을 하셨나요?

V : 아니요. 약속이 필요하다고 생각하지 않았어요.

S : 성함과 오신 용건을 말씀해 주시겠어요?

V : 저는 웨스팅 하우스의 데이비드 마틴입니다. 제품 포장건에 대해 의논 드리고 싶어서요.

S : 알았습니다. 지금 윤 부장님이 면담이 가능하신지 알아보겠습니다. 잠시만 기다려 주세요.

- 약속없이 방문한 내방객에게는 회사명, 이름, 용건을 확인한 후 상사에게 면담 의향을 여쭈어 본다.

1) nature of business 직역하면 일의 성격이므로 '용건'

DIALOGUE 3 상사 부재 시 약속 정하기

Secretary : S Visitor : V

S : Good morning, Mr. Lehman. How are you?

V : Fine, thanks. Is Mr. Kim in?

S : I'm sorry, but he's out of the office on business. He will be back next Wednesday.

V : Well, can I make an appointment?

S : Of course, Mr. Lehman.

V : How about next Friday, November 9?

S : Just a moment, please. Let me check his schedule. He will be free from 2:00 on Friday afternoon.

V : Then, let's make it three o'clock.[1)]

S : Three o'clock on Friday, November 9 will be fine.

V : Thank you.

S : 안녕하세요, 르만 씨. 오늘 기분이 어떠세요?

V : 좋습니다. 고마워요. 미스터 김을 만나고 싶은데요.

S : 죄송합니다만 사장님은 출장 중이신데요. 다음 주 수요일에 돌아오십니다.

V : 음, 약속을 할 수 있을까요?

S : 물론이죠, 르만 씨.

V : 다음 주 금요일인 11월 9일이 어떨까요?

S : 잠시만 기다려 주세요. 사장님의 일정을 확인해 보겠습니다. 금요일 오후 2시 이후부터 가능하십니다.

V : 그럼 3시로 약속을 하죠.

S : 11월 9일 금요일 오후 3시입니다.

V : 감사합니다.

1) 날짜나 시간을 정할 때 많이 사용되는 표현이므로 숙지하도록 한다.

DIALOGUE 4 방문객 일정 조정

Secretary : S Visitor : V

S : Good morning, may I help you?

V : Yes, please. I'm Thomas Wilson of T&T Co. I'd like to see Mr. Kim, Marketing Manager now.

S : I see, Mr. Wilson. Let me see if Mr. Kim can see you now. Would you please sit down over there and wait a moment?

(상사 사무실에 다녀와서)

S : Thank you for waiting, Mr. Wilson. Mr. Kim has a visitor just now, but he should be finished in about 30 minutes.

V : Thank you, then, I'll be back in 30 minutes.

S : Fine. We'll be seeing you in 30 minutes.

(30분 후)

S : Mr. Kim is expecting you now, Mr. Wilson. This way please.

V : Thanks.

S : 안녕하세요, 무엇을 도와 드릴까요?

V : 저는 T&T사의 토마스 윌슨이라고 합니다. 가능하다면 지금 마케팅부서의 김 부장님을 뵙고 싶은데요.

S : 김 부장님이 지금 면담이 가능하신지 알아보도록 하겠습니다, 윌슨 씨. 잠시 저쪽에 앉아서 기다려 주세요.

(상사 사무실에 다녀와서)

S : 기다려 주셔서 감사합니다. 지금 김 부장님은 다른 손님과 함께 계십니다. 30분 후면 면담을 마치신다고 하시는데요.

V : 고맙습니다. 그렇다면 제가 30분 후에 다시 오죠.

S : 알겠습니다. 30분 후에 뵙겠습니다.

(30분 후)

S : 윌슨 씨, 김 부장님이 기다리고 계십니다. 이쪽으로 오십시오.

V : 고맙습니다.

DIALOGUE 5 예약 안된 내방객 응대 – 면담 거절

Secretary : S　　Visitor : V

S : Good afternoon. May I help you?
V : Hi, is Mr. Park in?
S : May I have your name, please?
V : Oh, I'm sorry. I'm Paul Young from Epson Computers. I was passing by[1] so I thought I'd just stop by to say hello to him.[2]
S : I see. Let me see if he can see you now. Please have a seat.
(상사 사무실에 다녀온 후)
S : Thank you for waiting, Mr. Young. I'm sorry, but Mr. Park has to attend an important meeting now.
V : Oh, I see. I'll stop by[3] another time then. Please give him my regards.
S : I'll certainly do.

S : 안녕하세요. 도와 드릴까요?
V : 안녕하세요, 미스터 박 자리에 있습니까?
S : 성함이 어떻게 되시는지요?
V : 오, 죄송합니다. 저는 Epson 컴퓨터사의 폴 영입니다. 잠시 지나는 길에 사장님께 안부 차 들렀습니다.
S : 알겠습니다. 사장님께서 지금 면담이 가능하신지 여쭤 보겠습니다. 잠시 여기 앉아서 기다려 주십시오.
(상사 사무실에 다녀온 후)
S : 기다려 주셔서 감사합니다. 죄송합니다만 사장님께서는 지금 중요한 회의에 참석하셔야 한다고 하십니다.
V : 알겠습니다. 다음 기회에 다시 들르죠. 안부 전해 주십시오.
S : 예, 그러겠습니다.

1) pass by (옆을)지나가다.
2) say hello to him (= give him regards) 안부를 전하다.
3) stop by 들르다. 잠시 방문하다.

DIALOGUE 6 예약 안된 내방객 응대 – 면담 수락

Secretary : S　Visitor : V　Mr. Kim : B

S : Good morning, Mr. Robinson. How have you been?
V : Oh, fine, Miss Lee. Thanks. Can I see Mr. Kim for a few minutes?
S : Let me see if he's available.
(인터폰으로)
S : Mr. Kim, Mr. Robinson of Hewlette Packard is here to see you.
B : Send him in, Miss Lee.
S : Yes, sir.
(내방객에게)
S : Please go right in, Mr. Robinson.

S : 안녕하세요, 로빈슨 씨. 그동안 잘 지내셨어요?
V : 예, 미스 리. 잠시 사장님을 만나뵐 수 있을까요?
S : 면담이 가능하신지 여쭈어 보겠습니다.
(인터폰으로)
S : 사장님, 휴렛패커드사의 로빈슨 씨께서 방문하셨습니다.
B : 안으로 모시세요, 미스 리.
S : 알겠습니다, 사장님.
(내방객에게)
S : 이쪽으로 오십시오, 로빈슨 씨.

DIALOGUE 7 내방객에게 용건을 묻는 경우

Secretary : S Visitor : V

S : Good afternoon. May I help you?

V : Hello, I'd like to see Mr. Kim.

S : May I ask your name?

V : Oh, of course. Here's my business card.

S : Mr. John Smith of American Home Insurance Company?

V : Yes, right.

S : What do you want to see him about, may I ask?[1)]

V : Well, I'm an old friend of his and I'd like to talk to him about our new product, which is wonderful.

S : Yes, I see. Please wait a moment, Mr. Smith.
(상사 사무실에 다녀온 후)

S : I'm sorry to have kept you waiting,[2)] but Mr. Kim has to attend an important meeting right now. If you care to[3)] leave some information brochure, I'll certainly forward[4)] it to him.

V : Thanks. I'd appreciate that very much.

S : 안녕하세요. 도와 드릴까요?

V : 안녕하세요. 사장님 좀 뵐 수 있을까요?

S : 성함을 여쭈어 보아도 될까요?

V : 물론이죠. 여기 제 명함이 있습니다.

S : American Home 보험사의 존 스미스 씨?

V : 예, 맞습니다.

S : 용건이 어떻게 되시는지요?

V : 저는 사장님의 옛 친구입니다. 다름이 아니라 우리 신제품을 사장님께 소

개해 드리려고요. 매우 우수한 제품입니다.

S : 알겠습니다. 잠시만 기다려 주십시오.

(상사 사무실에 다녀온 후)

S : 기다리게 해서 죄송합니다. 사장님께서는 지금 중요한 회의에 참석하셔야 합니다. 안내 책자를 주시면, 사장님께 잘 전달해 드리겠습니다.

V : 매우 감사합니다.

---

1) What do you want to see him about, may I ask? 용건을 물어보는 표현으로 자주 이용되므로 암기하도록 한다.

2) I'm sorry to have kept you waiting 기다리게 한 후 죄송하다는 표현으로 자주 사용되므로 암기하도록 한다.

3) care to ~ ~하고 싶어하다.

4) forward 전송하다. 보내다.

DIALOGUE 8 명함과 관련된 대화

① 상대방의 명함을 받을 때

Secretary : S　Visitor : V

S : Good morning. May I help you?
V : Good morning. My name is John Kingston. Here's my business card.
S : Thank you. Mr. John Kingston of ITC?
V : That's right.

S : 안녕하세요. 도와 드릴까요?
V : 안녕하세요. 제 이름은 존 킹스톤입니다. 여기 제 명함이 있습니다.
S : 감사합니다. ITC사의 존 킹스톤 씨세요?
V : 예, 맞습니다.

- 명함을 받을 경우 명함은 양손으로 정중하게 받고는 회사명과 이름을 확인하여 읽도록 한다.

② 이름을 발음할 수 없을 경우

S : How do you pronounce your name, sir?
V : It's Patrick Skelton.
S : Thank you, Mr. Skelton.

S : 당신의 성함을 어떻게 읽어야 할까요?
V : 패트릭 스켈튼입니다.
S : 감사합니다, 스켈튼 씨.

③ 상대방의 명함을 받고 싶을 때

S : Would you give me your business card, sir?
V : Oh, here you are.
S : Thank you, Mr. Robinson.

S : 명함 한 장 주시겠어요?
V : 여기 있습니다.
S : 감사합니다, 로빈슨 씨.

EXERCISE

1. 웨스팅 하우스 조안 씨가 식료품부의 박 이사를 만나기 위해 비서와 말하고 있다. 다음 대화를 완성하시오.

S : Can I help you?

V : I (   ) an appointment with Mr. Park, Director of F&B. My name is Miss Joan of Westing House.

S : Just a moment, please, Miss Joan.
(To Mr. Park)
Mr. Park, a Miss Joan of Westing House is here. She told me she'd made an (   ) with you.

D : Send her in, please
(to Miss Joan)

S : Miss Joan, Would you come this way, please?

V : Thank you.

2. 약속이 되어 있지 않은 내방객에게 비서가 용건을 묻고 있다. 다음 대화를 완성하시오.

V : Excuse me. I'd like to see Mr. Yoon, manager of Import Department.

S : Have you (   ) an appointment?

V : No. I didn't think it was necessary.

S : Well, could you give me your (   ) and some idea of the nature of your business?

V : I'm David Martin of Westing House. I'd like to discuss product packaging.

S : I see. I'll see if he's (   ) now. Would you please wait for a while?

3. 다음을 영어로 표현하시오.

- 약속을 할 수 있을까요?

- 언제가 편하십니까?
- Mr. Kim이 기다리고 계십니다. 이쪽으로 오십시오
- 영업부의 김상중 부장과 10시에 약속이 되어 있습니다.
- 제가 좀 일찍 왔습니다.
- 사장님께서 지금 만나실 수 있는지 알아보겠습니다.
- 안으로 들어오시라고 하세요.
- 여기 제 명함이 있습니다.
- 성함과 용건을 말씀해 주세요.
- 당신의 성함을 어떻게 읽어야 할까요?

4. 다음의 내용을 가지고 파트너와 손님과 비서의 역할 놀이를 해보도록 하자.

〈반드시 포함되어야 할 내용〉

- Welcome the visitors to your company
- Introduce yourself and explain who you are.
- Answer the visitors any questions about the company

Your boss has been delayed for an appointment with a visitor. Your task is to receive the visitor and engage him in conversation until your boss arrives.

- If you are the visitor, you should :

    introduce yourself

    respond to what the secretary says

    ask the questions shown on your role card

- If you are the secretary you should :

    greet the visitor

    explain the delay

    start up a conversation

    answer any questions the visitor may have

4. Hospitality

DIALOGUE 1 예약 안된 내방객 차 대접 1

Secretary : S   Visitor : V

S : Would you like to have a seat over there while you're waiting?
V : Thank you.
S : Mr. Brown will be here shortly.[1] Just a moment, please.
Can I get you something to drink?
V : Yes, I would like a cup of coffee, please.
S : How would you like it?
V : With one teaspoon of sugar.
S : How about cream?
V : Without cream, please.
S : I see. I'll get it for you. Wait a minute, please.

S : 저쪽에 앉아서 기다려 주세요.
V : 고맙습니다.
S : 브라운 씨 곧 오실 겁니다. 잠시만 기다리세요. 마실 것 좀 갖다 드릴까요?
V : 네, 커피 한 잔 부탁드립니다.
S : 커피를 어떻게 드십니까?
V : 설탕 한 스픈 넣어 주세요.
S : 크림은요?
V : 크림은 타지 않습니다.
S : 알겠습니다. 잠시만 기다려 주세요.

1) shortly 곧

DIALOGUE 2 내방객 차 대접 2

Secretary : S　　Visitor : V

S : Would you like a cup of coffee?
V : No, thanks. I don't drink coffee.
S : How about tea? We've got both green tea and black tea.
V : Tea sounds good. I like black tea very much.
S : All right, sir. How would you like it?[1]
　　With a slice of lemon or with milk?
V : I'd like it with milk, please.
　　Thank you very much.
S : You're welcome.

S : 커피 드시겠어요?
V : 아니오, 괜찮습니다. 저는 커피를 잘 마시지 않습니다.
S : 그러면 차는 어떻습니까? 녹차와 홍차가 있습니다만.
V : 차가 좋겠군요. 저는 홍차를 매우 좋아합니다.
S : 좋습니다. 홍차는 어떻게 드십니까? 레몬티가 좋으세요 혹은 밀크티가 좋으세요.
V : 밀크로 해 주십시오. 고맙습니다.
S : 천만에요.

- coffee : 커피
- green tea : 녹차
- black tea : 홍차
- soft drinks : 콜라, 사이다 등의 청량음료

1) How would you like it? 차를 어떻게 드시겠냐고 묻는 표현
　I'd like it with cream and sugar.　설탕과 크림을 넣어 주세요.
　I'd like it with a slice of lemon.　레몬 한 조각을 띄워 주세요.
　I'd like it with milk.　우유를 조금 넣어 주세요.

DIALOGUE 3 내방객 차 대접 3

Secretary : S Visitor : V

S : May I take your coat, Mr. Robinson.

V : Oh, thank you.

S : Would you care for something to drink?

V : Yes, coffee, please. Thank you.

S : How do you like your coffee?

V : With cream and sugar, please.

S : I see. Just a moment, please.

(잠시 후)

S : Here you are, Mr. Robinson.

V : Thank you.

S : You're welcome.

S : 코트 보관해 드릴게요, 로빈슨 씨.

V : 고맙습니다.

S : 마실 것 좀 드릴까요?

V : 예, 커피 주세요. 고맙습니다.

S : 커피를 어떻게 드릴까요?

V : 설탕과 크림 모두 넣어서요.

S : 예, 알겠습니다. 잠시만 기다려 주세요.

(잠시 후)

S : 여기 있습니다, 로빈슨 씨.

V : 감사합니다.

S : 천만에요.

5. Giving Directions

DIALOGUE 1

내방객 부서 및 방향 안내 1

Receptionist : R Visitor : V

R : Good morning. May I help you?

V : Yes, please. I'm looking for the Sales Department. I was told that it's on this floor.

R : I'm sorry, but the Sales Department recently moved to the 3rd floor.

V : Oh I see. Is there any stairs nearby?

R : Yes, just around the corner, sir.

V : Thank you.

R : You're welcome.

R : 안녕하세요. 도와 드릴까요?

V : 예. 저는 영업부를 찾고 있습니다. 영업부가 이층에 있다고 들었는데...

R : 죄송합니다만 영업부는 최근에 3층으로 옮겼습니다.

V : 아, 그렇습니까. 근처에 계단이 있나요?

R : 코너를 돌면 바로 있습니다.

V : 고맙습니다.

R : 천만에요.

DIALOGUE 2

내방객 부서 및 방향 안내 2

Secretary : S   Visitor : V   Receptionist : R

R : Good morning. May I help you?

V : Yes, my name is Paul Robinson of IBM. I have an appointment with Mr. Kim at 10 o'clock.

R : Yes, Mr. Robinson. I'll call Mr. Kim's office. One moment, please.
(인터폰으로 폴 로빈슨 씨의 방문을 비서에게 알려 줌)

S : Oh, yes. Please send him up.

R : Yes, thank you.
(내방객에게)

R : Thank you for waiting, Mr. Robinson. Mr. Kim is expecting you. Please take the elevator on your right to the 21st floor. Mr. Kim's office is on the left side.

V : Thank you.

R : 안녕하세요. 무엇을 도와 드릴까요?

V : 예, 저는 IBM사의 폴 로빈슨이라고 합니다. 10시에 사장님과 면담 약속이 있는데요.

R : 예, 로빈슨 씨. 사장실로 연락하겠습니다. 잠시만 기다려 주십시오.
(인터폰으로 폴 로빈슨 씨의 방문을 비서에게 알려 줌)

S : 아, 예. 올라오시도록 해 주세요.

R : 예, 알았습니다.
(내방객에게)

R : 사장님께서 기다리고 계신답니다. 왼편에 있는 엘리베이터를 타시고 21층으로 올라가세요. 사장실은 왼쪽 편에 있습니다.

V : 고맙습니다.

DIALOGUE 3 내방객 부서 및 방향 안내 3

Visitor : V Receptionist : R

V : Could you help me?

R : Yes, of course.

V : I'm looking for the ladies' room. Is there one around here?

R : Yes, ma'am. Go straight down the hall and turn left. It's just around the corner.

V : Thanks very much.

R : Not at all.

V : 도와 주시겠어요?

R : 예, 물론이죠.

V : 숙녀용 화장실을 찾고 있어요. 이 근처에 있나요?

R : 예, 복도를 쭉 가시다가 왼쪽으로 도세요. 바로 모퉁이 근처에 있어요.

V : 매우 고맙습니다.

R : 천만에요.

DIALOGUE 4 내방객 부서 및 방향 안내 4

Visitor : V   Receptionist : R

V : Could you help me, Miss?

R : Yes, of course.

V : I'd like to know where the drugstore is.

R : Yes, sir. It's downstairs in the basement. Please take the elevator on the right.

V : Thank you.

R : You're welcome.

V : 도와 주시겠어요?

R : 예, 물론이죠.

V : 약국이 어디 있나요?

R : 예, 아래 지하에 있습니다. 오른편에 있는 엘리베이터를 타세요.

V : 고맙습니다.

R : 천만에요.

DIALOGUE 5 내방객 부서 및 방향 안내 5

Visitor : V　　Receptionist : R

V : Excuse me. I'm trying to find the bank.
Could you tell me where it is?

R : Yes, sir. It's on the lobby.
Please take the elevator at the end of the hall and go down to the 1st floor.

V : Thank you.

R : You're welcome.

V : 실례합니다만 은행을 찾고 있어요. 어디 있는지 알려 주시겠어요?

R : 예, 로비에 있어요. 복도 끝에 있는 엘리베이터를 타시고 1층으로 내려가세요.

V : 고맙습니다.

R : 천만에요.

• **부서 및 방향안내**

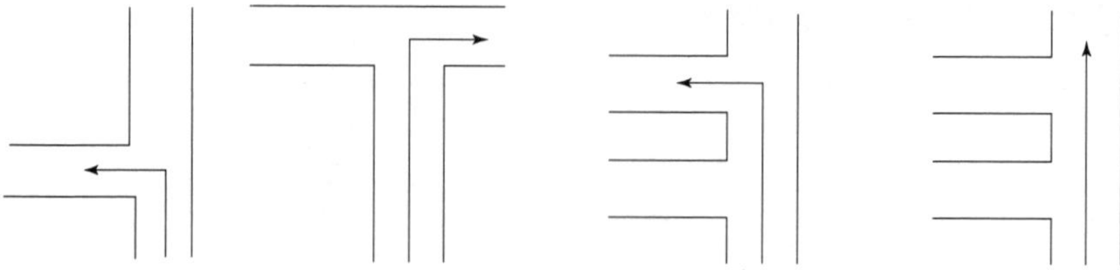

turn left　turn right go right　take the second left　go straight down the hall

It's on your right.	당신 오른쪽에 있습니다.
It's on your left.	당신 왼쪽에 있습니다.
It's down the hall on your right.	복도를 따라 쭉 가시다가 오른쪽입니다.
It's right around corner.	모퉁이를 돌면 바로 있습니다.
It's on the 10th floor.	10층입니다.

DIALOGUE 6 내방객 부서 및 방향 안내 6

Secretary : S   Newcomer : N

S : If we go right down the hall, on the right-hand side are the elevators. And on the left are the stairs. They're handy opposite each other. And the coffee machine is also in there by the stairs. You'll meet most of the members of staff there.

N : Oh, right, very useful.

S : And if you keep going down the corner, you can see the conference room on the right-hand side. And, as we go round the corner on the right, here is the sales department.

N : Sales, OK.

S : As we come round the corner on the left is the purchasing department. And, our marketing department is just down the end of the hall.

N : Oh, that's where they are, right.

S : 복도를 곧장 따라 가면, 오른쪽에 엘리베이터, 왼쪽에 계단이 있습니다. 바로 가까이에 마주보고 있지요. 그리고 커피 자판기 역시 이곳 계단 옆에 있습니다. 직원 대부분을 거기서 만나실 수 있을 거예요.

N : 아, 그렇군요. 아주 편리하네요.

S : 그리고 계속 복도를 따라 돌아가면, 오른쪽으로 회의실이 있습니다. 다시 복도를 오른쪽으로 돌아가면, 바로 여기가 판매부예요.

N : 판매부요, 네.

S : 여기서 복도를 돌면 왼쪽에 구매부가 있습니다. 그리고 우리 마케팅부는 바로 복도 끝에 있습니다.

N : 아, 마케팅부가 거기에 있군요. 알겠습니다.

DIALOGUE 7 내방객 부서 및 방향 안내 7

Secretary : S　　Newcomer : N

S : Come in here on the right, please. That's your desk over by the window.

N : Oh, that's marvellous.

S : Yes. With a lovely view of the park. It's better than the view from my office.

N : Right. well that's beautiful. Just one thing... I wonder if you could perhaps tell me where the gents toilet is?

S : Oh, of course. It's at the end of the hall just opposite reception.

N : Thank you. I'll see you in a minute.

S : Right, OK

S : 여기 오른쪽으로 들어오세요. 창문 옆에 당신의 책상이 있습니다.

N : 오, 훌륭합니다.

S : 그렇죠. 공원 전망이 아름답지요. 제 사무실보다 전망이 좋습니다.

N : 맞아요. 아름답군요. 한가지만요. 신사용 화장실이 어디에 있는지 말씀해 주실 수 있나요?

S : 물론이지요. 복도 끝 접수처 바로 맞은편에 있습니다.

N : 감사합니다. 잠시 후에 뵐게요.

S : 네, 알겠습니다.

EXERCISE

1. 다음을 영어로 표현하시오.
   - 마실 것 좀 갖다 드릴까요?
   - 커피를 어떻게 드십니까?
   - 안내해 드리겠습니다.
   - 여기에 앉으셔서 잠시만 기다려 주십시오.
   - 코트를 맡아 드리겠습니다.
   - 우측에 있는 엘리베이터를 타시고 5층으로 올라가십시오.
   - 복도를 쭉 가시다가 왼쪽으로 도세요.
   - 수출부가 어딘지 알려 주시겠어요.

2. 10시에 약속된 미국 Westing House사의 John Clington 씨가 사무실에 도착했다. 상사는 아직 임원회의 중이나 10분 내로 마친다고 하시며 잠시 Clington 씨를 응대하라고 비서에게 지시를 하였다. 다음의 요소를 넣어 Dialogue를 작성해 보라.
   - 자기소개
   - 사장님이 10분 내로 회의를 마치고 오실 거라는 것을 설명
   - 손님의 코트와 가방을 받아 주겠다고 제안
   - 자리에 앉도록 권유
   - 음료 대접
   - 손님이 다른 요구사항이 있는지를 물어봄

Ⅳ. Appointment

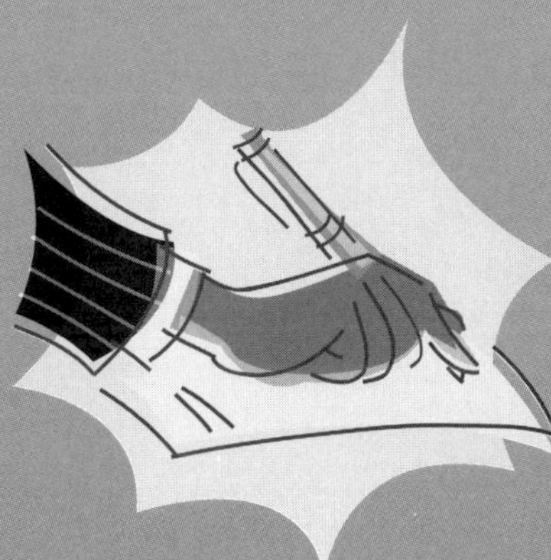

Ⅳ Appointment

1. Basic Information

비서는 상사를 대신하여 또는 업무 수행을 위해 많은 약속을 한다. 따라서 약속업무를 수행하는 데 필요한 영어 표현들을 암기하여 사용할 수 있도록 한다.

① 상대방의 일정을 확인하는 데 유용한 표현들

- When shall I visit you?
  언제 방문할까요?
- Can I visit your office next week?
  다음 주중에 당신 사무실을 방문해도 됩니까?
- Would you please let me know a convenient time for you?
  편하신 시간을 알려 주세요.
- When is the most convenient time to meet you?
  편하신 시간이 언제인지요?

- Ms. Choi, I'd like to meet you to discuss this matter.
  최 양, 이 문제에 관해 만나서 의논하고 싶습니다.
- Could you call me sometime this afternoon at your convenience?
  오늘 오후 편한 시간에 전화 주시겠어요?
- Could you make some time to discuss the New York project?
  뉴욕 계획안에 대해 토론할 시간을 좀 만들어 주시겠습니까?
- When you're free, please get in touch with me.
  시간 나시면 연락주세요.

② 약속날짜 정할 때 유용한 표현들

- How about tomorrow?
  내일은 어떠세요?
- How about the first Monday of December?
  12월 첫째 월요일 어때요?
- Would December 20th be all right for you?
  12월 20일 괜찮습니까?
- Shall I look forward to seeing you this Friday?
  이번 주 금요일에 뵐 수 있을까요?
- What time would suit you on November 3?
  11월 3일 몇 시가 좋으세요?
- Would Wednesday or Thursday be all right?
  수요일이나 목요일 괜찮으세요?
- Ms. Park, could you meet with me on Thursday evening?
  박 양, 목요일 저녁에 저를 만나실 수 있나요?
- If possible, I prefer Friday.
  가능하면 금요일이 좋겠어요.
- We'd like to make an appointment this evening with Rogers.
  오늘 저녁에 로저스 씨와 시간 약속을 정하고 싶습니다.

③ 용건과 관련된 표현들

- Shall we discuss our overseas marketing strategy?
  해외 마케팅 전략에 관해 토론할까요?
- Ms. Kim, I have something important to discuss with you.
  김 양, 당신과 논의할 중요한 안건이 있습니다.
- Mr. Elford called this morning and said he wanted to talk to you.
  엘포드 씨가 오늘 아침에 전화해서 당신과 이야기하고 싶다는군요.
- Can I ask why you want to see me?
  저를 만나고 싶으신 이유를 여쭈어 봐도 될까요?
- What do you want to see me about?
  저를 만나고 싶으신 용건이 무엇입니까?

2. Making & Arranging Appointments

DIALOGUE 1 약속 일정 정하기 1

Miss. Chio : A　　Mr. Tailor : B

A : Mr. Tailor, would you please let me know a convenient time for you?

B : How about 2 o'clock this Tuesday?

A : Okay, sir. Where can I meet you?

B : Please come to my office. By the way, Miss Choi, what do you want to see me about?

A : I'd like to discuss the P.R. of our new product.

A : 테일러 씨, 편하신 시간이 언제인지 좀 알려 주실래요?

B : 이번 주 화요일 2시가 어떻습니까?

A : 좋습니다. 어디서 뵐까요?

B : 제 사무실로 오세요. 최 양, 그런데 저를 보자는 용건이 뭐죠?

A : 이번 신제품 P.R.건에 관해 의논 드리고 싶습니다.

DIALOGUE 2 약속 일정 정하기 2

Mr. Lee : A　　Mr. Johnson : B

A : Mr. Johnson, would the first day of November be all right for you?

B : I'm afraid I have a previous engagement on that day.

A : How about Wednesday, the 9th of November?

B : That'll be fine, Mr. Lee.

A : What time would you prefer?

B : How about around 4?

A : Fine.

A : 존슨 씨, 11월 1일 괜찮아요?

B : 죄송하지만, 그날 선약이 있습니다.

A : 그럼 11월 9일 수요일은 어떻습니까?

B : 괜찮아요, 미스터 리.

A : 몇 시가 좋으세요?

B : 4시경이 어떨까요?

A : 좋습니다.

DIALOGUE 3 약속 일정 정하기 3

Caller : C Secretary : S

C : Ms. Pan, I'd like to make an appointment this afternoon with Mr. Rogers.

S : Sure, what time do you prefer?

C : How about after 4:00 today?

S : Then let's make it 4:30.

S : Can I ask what you want to see him about?

C : I'd like to discuss the advertisement of your new product.

C : 팬 양, 오늘 오후에 로저스 씨와 약속을 하고 싶은데요.

S : 몇 시가 좋으세요?

C : 오늘 4시 이후가 어떨까요?

S : 그러면 4시 30분으로 정하죠.

S : 로저스 씨를 만나시고자 하는 용건을 말씀해 주시겠어요?

C : 신제품 광고건에 대해 논의하고자 합니다.

DIALOGUE 4 약속 일정 정하기 4

Ms. Min : A　　Mr. White : B

A : Mr. White, can you make some time to discuss this matter with me?

B : Sure, please come to my office anytime tomorrow.

A : How about 2:30, Ms. Min?

B : Okay, I'll see you then.

A : 화이트 씨, 이 건에 대해서 논의할 시간을 좀 마련해 주실래요?

B : 물론이죠. 내일 아무때나 제 사무실로 오세요.

A : 2시 30분이 어떻습니까?

B : 좋습니다. 그때 뵙죠.

Language Summary

□ 시간이나 날짜를 제안할 때?

질문	답변
How about Wednesday?	Yes, that's fine.
What about this afternoon?	No, that's not possible.
Is 2:30 O.K.?	
Is Tuesday O.K.?	

DIALOGUE 5 약속 일정 정하기 5

Secretary : S　　Mr. White : B

S : Mr. Smith, Mr. Kim would like to see you this week.

B : Let me see. Well, Tuesday's not possible. I'm at a seminar until Wednesday lunchtime.

S : Are you coming back to the office Wednesday afternoon?

B : No, the seminar is in Pusan and I'm driving back to our factory in Chongju.

S : How about Thursday then?

B : Yes, that's fine but I prefer the morning.

S : O.K. Would 10 o'clock be fine with you?

B : Actually it's a bit early. Can we say 11 o'clock?

S : That would be fine. Thank you.

C : 스미스 씨, 사장님께서 이번 주에 당신을 만나고 싶어하시는데요.

B : 음... 화요일은 어렵겠네요. 수요일 점심시간까지 제가 세미나에 참석하거든요.

S : 수요일 오후에는 사무실에 계신가요?

B : 아니요. 부산에서의 세미나 이후에 청주에 있는 공장으로 갈 예정입니다.

S : 그러면 목요일은 어떨까요?

B : 좋습니다. 오전이 더 좋겠네요.

S : 10시면 어떨까요?

B : 사실 좀 이르네요. 11시는 어떨까요.

S : 좋습니다. 고맙습니다.

DIALOGUE 6

약속 일정 정하기 6

Secretary : S　　Charles Brown : B

S : Is that Mr. Charles Brown?

B : Yes, it is.

S : Hello, this is Mrs. Choi from Interconsult.

B : Oh, hello, Mrs. Choi. What can I do for you?

S : It's about the Japanese company I talked to you about last week.

B : Yes. I remember.

S : Well, two of the management team are coming here in early September and they'd like to meet you.

B : Oh, that's a good news. When are they coming?

S : They're planning to be in Seoul from Tuesday the 7th to Thursday the 9th.

B : The 7th to the 9th of September. I'll get my diary. Oh, Tuesday's not possible. I'm visiting my clients in Pusan all day long.

S : OK. What about Wednesday?

B : Wednesday's OK, but the morning's a bit difficult.

S : How about the afternoon then?

B : Yes, that's fine.

S : What time?

B : Let me see. Is 2:30 OK?

S : Yes, I think that's fine. I'll send an e-mail to Japan and contact you later in a week to confirm.

S : 찰스 브라운 씨 입니까?

B : 예, 그런데요.

안녕하세요. 저는 Interconsult사의 Mrs. Choi입니다

B : 안녕하세요, Mrs. Choi. 제가 도와드릴 일이 있나요?

S : 예. 제가 지난 주에 말씀드린 일본 회사에 관한 건입니다.

B : 예. 기억하고 있습니다.

S : 경영팀의 두 명이 9월 초에 서울에 오는데 당신을 만나 뵙고 싶어합니다.

B : 좋은 소식이네요. 언제 오죠.

S : 그들은 9월 7일(화)에서 9일(목)까지 서울에 있을 예정입니다.

B : 9월 7일에서 9일까지. 제 일정표를 보고요, 오, 화요일은 어렵겠네요. 제가 하루 종일 부산에 있는 고객을 방문하기로 되어 있습니다.

S : 알겠습니다. 수요일은 어떠신지요?

B : 수요일은 괜찮은데 오전은 좀 어렵습니다.

S : 그렇다면 오후는 괜찮습니까?

B : 좋습니다.

S : 몇 시로 할까요?

B : 음... 2시 30분 괜찮을까요?

S : 좋습니다. 제가 일본으로 e-mail을 보낸 후 일주일 내로 당신에게 일정을 확인해 드리겠습니다.

Language Summary

□ time expressions

I get up **at** 7:00 **in** the morning **on** weekdays.

I go to bed **around** ten **in** the evening **on** weeknights.

I leave work early **in** the afternoon **on** weekends.

I get home late **at** night **on** Fridays.

I stay up **until** midnight **on** Saturdays.

I wake up **before/after** noon **on** Sundays.

3. Checking Schedule

DIALOGUE 1 약속 일정 확인 1

Boss : B　　Secretary : S

B : Miss Lee, please bring me a cup of coffee.

S : Yes, right away, Mr. Kim.

B : Miss Lee, can you go over[1)] my schedule for today?

S : Yes, today at 9:45 you have a meeting with Mr. Park from the Human Resource Department. At 10:30 the chairman wants to discuss the New York project in his office.

B : And in the afternoon?

S : At 3 o'clock, Mr. Robert White of the Citibank will be here to introduce the new vice president. At 4 o'clock, Mrs. Brown wants to see you about purchasing our products. At 7 o'clock, formal sitdown dinner party at the grand ballroom, Hyatt Hotel to commemorate our 25th anniversary.

B : Please call my wife and remind[2)] her of the party tonight.

S : Yes, sir.

B : 이 양, 커피 한 잔 주실래요.

S : 예, 알겠습니다.

B : 이 양, 오늘 내 일정이 어떻게 되죠?

S : 예, 오전 9시 45분에 인사부 박 부장님과 미팅이 있습니다. 10시 30분에는 회장님이 뉴욕프로젝트건으로 회장실에서 뵙기를 원합니다.

B : 오후 일정은?

S : 3시에 Citibank의 로버트 화이트 씨가 새로운 부지점장을 소개하기 위해

이쪽으로 오고, 4시에는 브라운 여사가 우리 제품 구매건으로 면담을 원합니다. 저녁 7시에 25주년을 기념하기 위한 저녁파티가 하야트 호텔 그랜드볼룸에서 있습니다.

B : 내 아내에게 전화해서 파티건을 다시 한 번 알려 주세요.

S : 네, 알겠습니다.

---

1) go over~ ~을 살펴보다.

2) remind A of B A에게 B를 상기시키다.

DIALOGUE 2 약속 일정 확인 2

Boss : B　　Secretary : S

B : Mrs. Kim, could you tell me my schedule for this afternoon?

S : Yes, sir. There'll be a meeting on TV advertising at 1:30. The Marketing Director would like you to join the meeting. After that, around 4 o'clock Lawyer Kim will be here to discuss the labor agreement.

B : All right. Tell me how you've planned my next trip to New York.

S : You're leaving Seoul at 9:25 on Tuesday morning on KE840 and arriving in New York at 10 o'clock on the same day. Mr. John Smith will meet you at the John F. Kennedy airport and take you to the headquarters.

B : Good.

S : You'll be staying at the New York Millennium Hilton.

B : And on the way back?

S : The return flight leaves at 4 o'clock on Saturday afternoon and arrives in Seoul at 9.00 p.m. on Sunday. Mr. Kim will meet you at the baggage claim.

B : Mrs. Kim, 오늘 오후 일정을 알려 주겠어요?

S : 예, 오후 1시 30분에 TV광고관련 회의가 있습니다. 마케팅이사가 사장님께서 참석해 주시기를 부탁하셨습니다. 그리고 오후 4시에 김 변호사님이 노동협약건에 관해 논의하시러 올 예정입니다.

B : 알았어요. 다음 뉴욕출장 계획은 어떻게 되어 있지요?

S : 먼저 화요일 오전 9시 25분에 KE840편으로 서울을 떠나서 당일 오전 10시에 뉴욕에 도착하십니다. 존 스미스 씨가 John F. Kennedy 공항에 마

중 나와 사장님을 본사로 안내합니다.

B : 좋습니다.

S : 뉴욕에서의 숙박은 뉴욕 밀레니엄 힐튼입니다.

B : 돌아오는 일정은 어떻게 되죠?

S : 돌아오는 비행기는 토요일 오후 4시이고 서울에는 일요일 밤 9시에 도착할 예정입니다. 김 기사가 수하물 찾는 곳에서 기다리고 있을 겁니다.

EXERCISE

1. 존슨 씨와 비서가 약속을 정하고 있다. 다음 대화를 완성하시오.

A : Mr. Johnson, would the first day of November be (   ) for you?

B : I'm afraid I have a previous engagement on that day.

A : (   ) Wednesday, the 9th of November?

B : That' ll be fine, Mr. Lee.

A : What time would you (   )?

B : How about around 4?

A : Fine.다음을 영어로 표현해 보세요.

2. 화이트 씨와 비서가 토의 시간을 정하고 있다. 다음 대화를 완성하시오.

A : Mr. White, can you (   ) some time to discuss this matter with me?

B : Sure, please come to my office anytime tomorrow.

A : How (   ) 2:30, Ms. Min?

B : Okay, I'll see you then.

3. 다음의 내용을 우리말로 고치시오.

- Would you please let me know a convenient time for you?
- Could you make some time to discuss the New York project?
- What did you want to see me about?

4. 다음을 영어로 표현해 보시오.

- 편리한 시간을 알려 주세요.
- 12월 15일 괜찮습니까?
- 가능하면 수요일이 좋겠어요.
- 용건을 여쭤 봐도 될까요?
- 오늘 저녁에 당신과 시간 약속을 정하고 싶습니다.
- 죄송합니다만 선약이 있습니다.

• 제 일정을 체크해 보겠습니다.

• 김 양, 오늘 제 일정을 알려주겠어요?

5. 아래의 양쪽 스케줄표를 참고로 하여 전화로 약속을 하는 dialogue을 완성하시오

다음 주에 Qnix사의 Mr. Brown과 약속을 하라는 부사장의 지시를 받고 비서는 Mr. Brown과 통화를 하여 다음 주 화요일인 13일 5시에 저녁약속을 하고 American Club Restaurant에 저녁식사 약속을 예약한다.

S : Miss Y. M. Kim, secretary to Mr. S. K. Kim, Vice President, Hyundai Motor company

B : Mr. Charles Brown, Engineer, Qnix

* 참고문구

Will you be free sometime next week?

How about next Friday?

I'm sorry. I'm busy then.

That would be fine.

What time is convenient for you?

I'll see you next Tuesday, then.

Mr. S. K. Kim

Z

	Mon 12	Tues 13	Wed 14	Thurs 15	Fri 16
09:00	free	meet customer	free	business trip	meeting
11:00	meeting	↓	↓	↓	free
13:00		visit customer	section meeting		↓
15:00	free	free	free	free	QC meeting
17:00	↓	↓	↓	↓	↓

QC meeting : Quality Control meeting

Mr. C. Brown

	Mon 12	Tues 13	Wed 14	Thurs 15	Fri 16
09:00	staff meeting	write report	free	business trip	business trip
11:00	meet customer	free	training class	↓	↓
13:00	free	budget meeting	visit IBC	↓	free
15:00	visit plant	free	↓	↓	meet customer
17:00	↓	↓	↓	↓	

V.

Reservation

Office Communication

V

Reservation

비서는 상사의 business, 회의, 출장 등의 업무를 수행하는 과정에서 다양한 예약업무를 수행한다. 식당에서 호텔, 비행기까지 다양한 예약업무를 수행하기 위해서는 예약업무 전반에 대한 지식뿐 아니라 식당, 호텔, 비행기 등에 관한 필요한 사항들은 숙지하고 있어야 한다. 특히 최근에는 전화나 팩스를 통한 예약뿐 아니라 인터넷을 통해 예약하는 경우가 늘고 있으므로 인터넷을 활용하여 상사가 선호하는 식당, 호텔, 항공사 등에 대한 정보를 늘 파악해 두어야 한다.

예약이 되었다고 안심해서는 안 되며 반드시 '확인' 의 절차가 필요하다. 특히 손님이 붐비는 금요일 오후나 토요일의 경우는 미리 한 주 전부터 예약을 하도록 하고, 연말 등에는 몇 달 전부터 예약을 해두어야 원하는 날짜와 시간에 이용할 수 있는 경우가 많다.

이 장에서는 호텔, 레스토랑, 비행기의 예약, 확인, 변경 등과 관련된 영어 표현들을 알아보도록 한다.

예약은 영어로 'reservation' 이라고 하는데 비서는 상사를 대신하여 예약을 하는 경우가 많으므로 간단한 예약에서 취소, 변경, 확인 등 여러 상황을 익혀두는 것이 바람직하다.

① 예약하다라는 뜻으로 reserve 또는 book이라는 동사를 쓴다

예를 들어,
"방 하나를 예약하고 싶습니다."는 "I'd like to reserve a room."
"비행기 예약을 하고 싶습니다."는 "I'd like to book a flight."
레스토랑이나 음식점에서 좌석을 예약할 경우 "I'd like to reserve a table for four(4인용 좌석을 예약하고 싶습니다)."

② 확인의 경우는 confirm이라는 동사를 사용한다. confirm은 어떠한 사실을 확인할 때 'make sure' 하는 의미로 사용된다

I'd like to confirm my reservation. (예약을 확인하고 싶습니다.)
Everything is confirmed. (모든 것이 확인되었습니다.)
명사형은 'confirmation' 이다.

③ 취소할 경우는 cancel을 사용하여

I'd like to cancel my reservation. (예약을 취소하고 싶습니다.)
cancel의 명사형은 'cancellation' 이다.

④ 예약을 변경하고자 할 경우는

Is it possible to change my reservation?
(예약 변경이 가능합니까?)
"I'd like to change my reservation."
(예약을 변경하고 싶습니다.)

1. Restaurant

DIALOGUE 1 식당예약 1

Restaurant : R　　Secretary : S

R : Good morning, Season's. May I help you?

S : I'd like to reserve a table in the non-smoking section for tonight at 7 o'clock.

R : Yes, sir. For how many people?

S : For five people.

R : May I have your name, please?

S : In the name of Young Soo Kim.

R : Thank you, Mr. Kim. We'll have the table ready for you tonight at 7 o'clock. Goodbye.

R : 안녕하세요, 시즌즈입니다. 무엇을 도와 드릴까요?

S : 오늘밤 7시에 금연석에 있는 테이블을 예약하려고 합니다.

R : 예, 알겠습니다. 몇 분이시죠?

S : 5명입니다.

R : 성함이 어떻게 되시죠?

S : 김영수로 해 주세요.

R : 고맙습니다. 김 선생님, 오늘밤 7시에 테이블을 준비해 놓겠습니다. 안녕히 계십시오.

DIALOGUE 2 식당예약 2

Restaurant : R　　Secretary : S

R : Good afternoon, Cafe Royal. What can I do for you?

S : Good afternoon. I'd like to reserve a table for four on Friday, the 9th, please.

R : What time, ma'am?

S : Around 6 o'clock.

R : Yes, ma'am. We have a table on the terrace. Is that suitable?

S : Yes, that's fine.

R : May I have your name?

S : My name is Jeniffer Lee.

R : Thank you, Ms. Lee. We'll see you on Friday. Goodbye.

R : 카페로얄입니다. 무엇을 도와 드릴까요?

S : 안녕하세요. 금요일인 9일 4인용 테이블을 예약하려고 합니다.

R : 몇 시로 예약할까요?

S : 6시경이요.

R : 테라스 쪽에 테이블이 있는데 괜찮으십니까?

S : 예, 좋습니다.

R : 성함을 말씀해 주시겠습니까?

S : 제니퍼 리입니다.

R : 감사합니다. 금요일에 뵙죠, 안녕히 계십시오.

DIALOGUE 3 식당예약 3

Restaurant : R Steve Russell : S

R : Good afternoon, Hugo's. May I help you?

S : I'd like to reserve a table for tomorrow night at 7 o'clock. If possible, I'd like a table by the window.

R : I'm sorry, but we don't have any table vacant by the window. How about a table in a quiet corner.

S : That's O.K.

R : Yes, sir. For how many?

S : For two.

R : Your name, please?

S : Steve Russell of IBM.

R : Thank you, Mr. Russell. We look forward to seeing you tomorrow. Goodbye.

R : 안녕하세요, 휴고입니다. 무엇을 도와 드릴까요?

S : 내일 밤 7시에 예약을 하려고 합니다. 가능하면 창가 쪽 테이블이 좋습니다.

R : 죄송합니다만 창가 쪽에 빈 테이블이 없습니다. 코너 쪽의 조용한 테이블로 하면 어떨까요?

S : 좋습니다.

R : 예, 알겠습니다. 몇 분이시죠?

S : 2명입니다.

R : 성함이 어떻게 되시죠?

S : IBM사의 스티브 러셀입니다.

R : 고맙습니다, 러셀 씨. 내일 뵙겠습니다. 안녕히 계십시오.

DIALOGUE 4 식당예약 4

Restaurant : R　　Secretary : S

R : Peninsula, good afternoon.

S : I'd like to book a table for lunch tomorrow.

R : Yes, ma'am. For how many?

S : For six.

R : What time will you be arriving?

S : Around 12:30.

R : A table for six at 12:30 on Thursday is reserved. May I have your name, please?

S : In the name of Frederick Anderson.

R : O.K., ma'am. We'll look forward to seeing you. Good-bye.

R : 안녕하세요, 페닌슐라입니다.

S : 내일 점심 예약을 하려고 하는데요.

R : 예, 알겠습니다. 몇 분이시죠?

S : 6명입니다.

R : 몇 시쯤 도착하시죠?

S : 12시 30분경에요.

R : 목요일 12시 30분에 여섯 분 좌석 예약되었습니다. 성함이 어떻게 되시죠?

S : 프레드릭 앤더슨 이름으로 해 주세요.

R : 알겠습니다. 안녕히 계십시오.

DIALOGUE 5 예약취소 1

Restaurant : R　　William Baker : B

R : Good evening, Continental. May I help you?

B : Good evening. I'd like to cancel my reservation on November 2nd at 6 o'clock. My name is William Baker.

R : Can you repeat the name, please?

B : Baker, William Baker.

R : Oh, yes. Thanks for letting us know. Good-bye.

R : 안녕하십니까, 컨티넨탈입니다. 무엇을 도와 드릴까요?

B : 안녕하십니까? 11월 2일 오후 6시 예약을 취소하고 싶은데요. 제 이름은 윌리암 베이커입니다.

R : 성함을 다시 한 번 말씀해 주시겠습니까?

B : 베이커, 윌리암 베이커입니다.

R : 알려 주셔서 감사합니다. 안녕히 계십시오.

DIALOGUE 6 예약취소 2

Seasons : R   Kane : K

R : Seasons. May I help you?

K : I'd like to cancel my reservation for tonight. The name is Kane.

R : All right, ma'am.

K : Thank you. Good-bye.

R : 시즌스입니다. 도와 드릴까요?

K : 오늘밤 예약을 취소하고 싶은데요. 이름은 Kane입니다.

R : 알겠습니다.

K : 고맙습니다. 안녕히 계세요.

EXERCISE

1. 카페 로얄에 예약을 하고 있다. 다음 대화를 완성하시오.

R : Good afternoon, Cafe Royal. What can I do for you?

S : Good afternoon. I'd like to ( ) a table for four on Friday, the 9th, please.

R : What time, ma'am?

S : Around 6 o'clock.

R : Yes, ma'am. We have a table on the terrace. Is that ( )?

S : Yes, that's fine.

R : May I have your name?

S : My name is Jeniffer Lee.

R : Thank you, Ms. Lee. We'll see you on Friday. Goodbye.

2. 컨티넨탈에 예약을 취소하고자 한다. 다음 대화를 완성하시오.

R : Good evening, Continental. May I help you?

B : Good evening. I'd like to ( ) my ( ) on 2nd November at 6 o'clock. My name is William Baker.

R : Can you repeat the name, please?

B : Baker, William Baker.

R : Oh, yes. Thanks for letting us know. Good-bye.

3. 다음의 내용을 우리말로 고치시오.

1. I'd like to reserve a table in the non-smoking section for tonight at 7 o'clock.
2. I'm sorry, but we don't have any table vacant by the window. How about a table in a quiet corner.

4. 다음을 영어로 표현해 보세요.

- 내일 밤 6시에 금연석에 있는 테이블을 예약하려고 합니다.
- 창가 쪽 테이블이 좋습니다.
- 죄송합니다만 창가 쪽 테이블은 없습니다.
- 9월 8일 오후 7시 예약을 취소하고 싶습니다.
- 알려주셔서 감사합니다
- 죄송합니다만 오늘 저녁 예약은 마감되었습니다.

5. 다음 괄호 안에 알맞은 표현을 넣으세요.

R : Good morning, Jimichang. May I help you?

S : (월요일인 9일 오후 7시에 4인용 테이블을 예약하고 싶은데요)

R : Just a moment, please. Yes, we have a table.
(어느 분 이름으로 예약하시겠습니까?)

S : In the name of William Baker.

R : Thank you. (9일 오후 7시에 테이블을 준비해 놓겠습니다.)

2. Hotel

★ Key expression

- I'd like to book a room, please.
- I'd like to reserve a room.
- For when would you like the room?
- How long will you be staying in our hotel, sir?
- How many nights are you planning to stay?
- When do you plan to check in?
- What kind of room do you like?
- What type of room do you like?
- Your room has been reserved from October 13th to 15th.
- We'll be expecting you next week.
- What time will you be arriving?
- The room rate would be US$140 per night and 10% V.A.T. and 10% service charge will be added to it.
- Have you already booked your flight, sir?
- Is there any shuttle bus between the airport and your hotel?
- Would that be suitable?

- 예약 내용은 도착일시(hour and date of arrival), 체제일수(length of stay), 방의 종류 및 요금의 범위(price range), 인원수(number of people) 등인데 이에 대해서 확인을 하는 습관을 반드시 가져야 한다.

(1) 호텔 예약

① 객실의 종류

• a single room(with bath)	: 목욕탕이 딸린 1인용 침실
• a double room	: 2인용 침실
• a twin room	: 1인용 침대가 2개 있는 방
• a suite	: 침실에 거실 등이 붙은 방
• a largest executive suite(deluxe)	: 가장 크고 좋은 방

방을 선택할 때 특별히 원하는 방이 있으면 말을 해도 좋다.

What kind of room would you like? (어떤 종류의 방을 원하십니까?)

⬇

- I'd prefer a quiet room. (조용한 방을 원합니다.)
- I'd like a room with a view. (전망이 좋은 방을 원합니다.)
- I'd like a room with a view of the sea. (바다가 보이는 방을 원합니다.)

② 객실의 가격을 묻는 표현

What's the price range, please?
How much will that cost? → It is $70 per night.(하룻밤 70달러입니다.)
What is the price, please?

③ 그 밖의 요구사항이 있을 경우

Is there any special request?

④ 기타 용어

• front desk	: 프론트 데스크
• registration card	: 주소, 성명 등을 기입하는 숙박 카드
• check in	: 입실
• check out	: 퇴실
• extra charge	: 초과 요금
• bell-boy	: 짐을 방까지 운반해 주는 사람
• baggage, luggage	: 손짐
• room key	: 방 열쇠
• room service	: 방으로 음식을 나르는 것

※ 예약은 반드시 사전에 확인(confirm)하여야 한다.

DIALOGUE 1 객실 예약

Caller : C　　Operator : O　　Reservation : R

O : Good morning, Grand Hyatt. May I help you?

C : Can I have reservations, please?

O : One moment, please...

R : Good morning, reservations. May I help you?

C : Hello. I'd like to reserve a double room, if possible a room overlooking the ocean.

R : Yes. For what date?

C : For the nights of June 9th and 10th.

R : Let me check.... Yes, we have a double room available with an ocean view on those dates. Can I have your name, sir?

C : My name is Mike Cooper. I have a question, ma'am. Can you tell me when I have to check out on 10th.

R : You can check out anytime before noon, sir. Can I have your phone number?

C : Area code is (212), phone number is 778-3455.

R : 212-778-3455, is that right?

C : Right.

R : Thank you, Mr. Cooper. Your reservation number is B45A346. We look forward to seeing you on June 9th.

C : Thanks, good-bye.

R : Good-bye.

O : 안녕하세요 그랜드 하얏트 호텔입니다. 무엇을 도와 드릴까요?

C : 예약담당부서 부탁드립니다.

O : 잠시만 기다려 주십시오.

R : 안녕하십니까, 예약부입니다.

C : 예, 저는 2인용 침실을 예약하고 싶은데요. 가능하다면 바다가 보이는 방으로요.

R : 원하시는 날짜가 언제인지요?

C : 6월 9일과 10일 양일간이요.

R : 잠시 알아보겠습니다. 예, 그 날짜에 바다가 보이는 2인용 침실이 있습니다. 성함이 어떻게 되시죠?

C : 마이크 쿠퍼입니다. 참, 질문이 하나 있는데요. 10일 언제 퇴실하면 됩니까?

R : 정오 이전에 퇴실하시면 됩니다. 전화번호를 알려주세요.

C : 지역번호는 212이고 전화번호는 778-3455입니다.

R : 212-778-3455, 맞습니까?

C : 맞습니다.

R : 고맙습니다. 쿠퍼 씨. 예약번호는 B45A346입니다. 6월 9일에 뵙겠습니다.

C : 고맙습니다. 안녕히 계세요.

R : 안녕히 계십시오.

DIALOGUE 2 객실 예약확인

Caller : C Operator : O Reservation : R

O : Continental Hotel, good morning. What can I do for you?

C : Reservations, please.

O : Thank you. Just a moment, please. I'll connect you with the Reservation Dept.

R : Reservations, Miss Ahn speaking.

C : I'd like to confirm my reservation. I've reserved a suite for October 2nd through 4th.

R : Your name, please.

C : Albert Durrell of Barclay's Capital.

R : Mr. Albert Durrell of Barclay's Capital, let me check. Yes, sir. We have your reservation on October 2nd, 3rd and 4th.

O : 컨티넨탈 호텔입니다. 무엇을 도와 드릴까요?

C : 예약부 부탁드립니다.

O : 고맙습니다. 잠시 기다려 주십시오. 예약부서로 연결해 드리겠습니다.

R : 예약부 미스 안입니다.

C : 예약을 확인하고 싶은데요. 저는 10월 2일부터 4일까지 특실을 예약했는데요.

R : 성함을 말씀해 주세요.

C : Barclay's Capital의 Albert Durrell입니다.

R : Barclay's Capital의 Albert Durrell 씨요.... 예, 10월 2일, 3일, 4일 예약 잘 되어 있습니다.

DIALOGUE 3

객실 가격을 물어 보는 경우 1

Reservation : R　　Caller : C

R : Reservations. How can I help you?

C : I'd like to reserve a room.

R : What kind of room would you like, ma'am?

C : A double room with a nice view, if possible.

R : When would you like to stay here, ma'am?

C : From March 3rd to 11th.

R : Just a moment, please. We have a very nice room with a good view of Han-River available.

C : That's great. But what's the room rate?

R : US$125.00 a night. The government tax and service charge will be added to this rate, ma'am.

C : Can I have a discount for it?

R : I'm afraid I can't. That's the best rate available for now.

C : Okay. I'll take it.

R : Thank you. May I have your name and phone number, please?

C : Rosa Lopez and my number is 455-2376.

R : Excuse me. Can you spell your last name, ma'am?

C : L-O-P-E-Z

R : Thanks. We'll then expect you.

R : 예약부입니다. 무엇을 도와 드릴까요?

C : 방을 하나 예약하고 싶은데요.

R : 어떤 방을 원하시죠?

C : 2인용 방입니다. 가능하다면 전망이 좋았으면 합니다.

R : 언제 머무실 예정이시죠?

C : 3월 3일에서 11일까지입니다.

R : 잠시만 기다려 주세요. 한강이 내려다보이는 전망이 좋은 방이 있습니다.

C : 정말 잘 되었군요. 그런데 방 가격이 얼마죠?

R : 일박에 미화 125달러입니다. 이 가격에 세금과 봉사료가 추가됩니다.

C : 좀 할인해 주실 수 있나요?

R : 죄송합니다만 어렵습니다. 이 가격이 현재로서는 최고 좋은 가격입니다.

C : 알겠습니다. 예약하죠.

R : 고맙습니다. 성함과 전화번호를 알려주세요.

C : Rosa Lopez이고 전화번호는 455-2376입니다.

R : 죄송합니다만 다시 한 번 성함을 말씀해 주시겠어요?

C : L-O-P-E-Z입니다.

R : 고맙습니다. 뵙기를 기대하겠습니다.

DIALOGUE 4 객실 가격을 물어 보는 경우 2

Reservation : R　　Caller : C

R : Good morning, reservations. May I help you?

C : I'm calling from New York and would like to know about the room rates. My business partner over there recommended your hotel.

R : Thank you, sir. Before I can give you the room rate, I need to know when you plan to travel, sir.

C : I'll check in on October 23rd and check out on October 26th.

R : Just a moment, please. The currently available room rates for that period are US$170.00 for a single, US$200.00 for a double and US$250.00 for a room on the Executive Floor, sir.

C : That's good, but is there any way to give me a better rate than that?

R : I'm afraid there isn't because those periods are peak season and that's the best rates I can offer you now, sir.

C : O.K. Then I'll take a room on the Executive Floor. By the way, what's included in that rate?

R : You have a complimentary breakfast in the morning, snacks in the afternoon and exclusive check in and out at the Executive lounge, sir. To make a reservation I need your name and phone number, please.

C : Mike Laurence and you can reach me at 212-774-1258.

R : How do you spell your last name, sir?

C : L-A-U-R-E-N-C-E.

R : Thank you, Mr. Laurence. Have you already booked your flight, sir?

C : Yes, I have. Northwest Airline, flight number 34389, arriving in

Seoul at 11:35 a.m. and I am supposed to be picked up by my business partner at the airport.

R : All right, sir. Your reservation is done. Please reconfirm at the latest 7 days prior to your reservation date, sir. Thank you for choosing our hotel, Mr. Laurence.

R : 안녕하세요, 예약부입니다. 도와 드릴까요?

C : 저는 지금 뉴욕에서 전화를 걸고 있습니다. 방값에 대해 문의하고 싶은데요. 제 사업 동반자가 당신 호텔을 추천해 주셨습니다.

R : 고맙습니다. 가격을 말씀드리기 전에 언제 여행할 계획이신지 말씀해 주세요.

C : 10월 23일에 입실해서 10월 26일에 퇴실할 예정입니다.

R : 잠시만 기다려 주세요. 그 기간 동안 현재 가능한 방 가격은 1인용 침실은 미화 170불이고 2인용 침실은 200불이고 executive floor에 있는 방은 250불입니다.

C : 좋군요. 그런데 그것보다 좀 더 낮은 가격을 주실 수 있으세요?

R : 죄송합니다만 어렵습니다. 왜냐하면 이 기간이 성수기이므로 이 가격이 저희가 제공할 수 있는 최선의 가격입니다.

C : 알겠습니다. Executive floor에 있는 방으로 예약을 하죠. 그런데 이 가격에 무엇이 포함되죠?

R : 무료 아침식사와 오후에는 간식을 무료로 드실 수 있고요, executive lounge에서 특별 입실, 퇴실이 가능합니다. 예약하려면 성함과 전화번호가 필요한데요.

C : 이름은 마이크 로렌스이고 전화번호는 212-774-1258입니다.

R : 죄송합니다만 다시 한번 성함을 말씀해 주시겠어요?

C : L-A-U-R-E-N-C-E입니다.

R : 고맙습니다. 로렌스 씨. 비행기는 예약하셨습니까?

C : 예, 서울에 오전 11:35에 도착하는 Northwest 항공사 34389편입니다. 공

항으로 제 사업동료가 마중나오기로 되어 있습니다.

R : 잘 알겠습니다. 예약이 완료되었습니다. 적어도 예약일 7일 전에 다시 한 번 확인해 주십시오. 로렌스 씨, 우리 호텔을 선택해 주셔서 진심으로 감사드립니다.

EXERCISE

1. 다음 호텔 용어에 관한 crossword puzzle(십자말풀이)를 풀어 보시오.

R	S	U	I	T	A	B	L	E	A	B	C	D
E	E	F	G	W	R	E	S	E	R	V	E	A
S	B	S	W	I	T	E	R	E	O	I	U	Y
I	Y	I	E	N	H	M	E	F	T	T	Y	J
N	G	N	F	R	D	O	U	B	L	E	U	T
G	F	G	L	O	V	H	O	T	E	L	H	Z
L	B	L	G	O	B	A	T	H	R	O	O	M
E	F	E	U	M	J	M	T	P	B	A	D	Q
S	E	R	V	I	C	E	Y	I	O	W	X	E
T	C	O	K	D	H	Z	U	U	O	F	C	I
A	L	O	T	N	E	A	B	K	K	N	V	T
Y	P	M	E	M	C	Q	V	J	G	G	C	E
I	U	R	W	R	K	G	M	G	D	U	X	Y

RESERVATION, TWIN ROOM, SUITE, BATHROOM, SUITABLE, SERVICE, STAY, CHECK, DOUBLE, SINGLE, BOOK, HOTEL, RESERVE

2. 다음 뒤섞인 단어를 정리하여 맞는 뜻과 연결하시오.

1. ontfr dkes — a. 방으로 음식을 나르는 것
2. stratireon drca — b. 방 열쇠
3. kcche ni — c. 프론트 데스크
4. kcche uto — d. 손짐
5. traex argech — e, 주소, 성명 등을 기입하는 숙박 카드
6. llbe byo — f. 입실
7. baagegg luagegg — g, 퇴실
8. oomr yke — h. 초과 요금

9. oomr vicese I. 짐을 방까지 운반해 주는 사람

room service front desk check in room key baggage, luggage registration care check out bell boy extra charge

3. 다음을 영어로 표현해 보세요.
   - 예약담당 부서를 연결해 주세요.
   - 2인용 침실을 예약하고 싶습니다.
   - 얼마 동안 묵을 계획이십니까?
   - 어떤 종류의 방을 예약하시길 원하십니까?
   - 전망이 좋은 방이었으면 합니다.
   - 저는 9월 5일에서 8일까지 특실을 예약했습니다.
   - 2인용 침실 가격이 얼마입니까?
   - 항공편은 예약하셨습니까?
   - 예약이 완료되었습니다.

4. 다음 괄호 안에 알맞은 표현을 넣으세요.

R : Good morning, reservations. May I help you?

C : (2인용 침실을 예약하고 싶은데요.)

R : For when would you like the room?

C : (6월 5일 체크인해서 9월 9일에 체크아웃하고 싶습니다.)

R : Let me check.... (예, 그 기간에 2인용 침실이 있습니다.)
Can I have your name and phone number?

C : My name is Minsoo Lee and phone number is(031)234-4582.

R : Thank you, Mr. Lee. Your reservation number is B9A3098.
(6월 5일에 뵙겠습니다)

C : Thanks, good-bye.

R : Good-bye.

(2) 호텔 내에서의 전화

다음은 호텔에서 이루어지는 전화내용이다. 국제화 시대에 호텔 이용이 증가함에 따라 호텔에서의 전화 사용법에 대한 지식이 요구된다. 따라서 다음의 내용들은 호텔에서 이루어지는 전화응대 부분이다.

DIALOGUE 1 **객실과 전화 연결을 원할 경우**

Operator : O　　Caller : C

O : Good morning, Hilton Hotel. How may I help you?
C : Could you put me through to the room #1254, please?
O : Certainly, sir. What's the guest name?
C : Mr. Wagner. W-A-G-N-E-R
O : Just a moment, please. I' ll connect you right away.

O : 안녕하십니까? 힐튼 호텔입니다. 무엇을 도와 드릴까요?
C : 1254호로 전화를 연결해 주세요.
O : 알겠습니다. 투숙하고 계신 손님의 성함이 어떻게 되죠?
C : 와그너 씨입니다. W-A-G-N-E-R입니다.
O : 잠시만 기다려 주세요. 곧 연결하겠습니다.

DIALOGUE 2 객실과 전화 연결을 원하는 경우

Operator : O　　Caller : C

O : Westin Hotel. Good afternoon. How may I direct your call?

C : Would you connect me with Mrs. Wonder at your hotel?

O : Do you know what her room number is?

C : No, I'm afraid I don't.

O : Could you spell her last name?

C : Sure. W-O-N-D-E-R

O : Thanks. One moment, please. I'll find out the room number and connect you. (The operator looks up Mrs. Wonder's room number and rings her room) I'm sorry, ma'am. No one answers. Would you like to leave a message for her?

C : Yes, please. Tell her to call Jane as soon as she can. My number is 345-2314 in Seoul.

O : All right, ma'am. I'll give her your message. Thank you for calling.

O : 웨스틴 호텔입니다. 무엇을 도와 드릴까요?

C : 당신 호텔에 투숙하고 있는 원더 여사와 통화를 하고 싶은데요?

O : 방번호를 아세요?

C : 죄송합니다만 모르는데요.

O : 성함의 철자를 알려주시겠어요?

C : 물론이죠. W-O-N-D-E-R입니다.

O : 고맙습니다. 잠시 기다리세요. 방번호를 찾아서 연결해 드리겠습니다. (전화교환원은 원더 여사의 방번호를 찾아서 그 방으로 전화를 한다) 죄송합니다만 아무도 전화를 받지 않습니다. 메시지를 남기시겠어요?

C : 예, 원더 여사에게 가능한 빨리 제인에게 전화를 해 달라고 전해주세요. 제 전화번호는 서울 345-2314입니다.

O : 알겠습니다. 메시지 잘 전해드리겠습니다. 전화주셔서 고맙습니다.

DIALOGUE 3 호텔에서 국제전화 요청할 경우

Guest : G　　Operator : O

G : Operator? I'd like to make an overseas call to New York.

O : May I have your name and room number, please?

G : Yes. Room number 1342 and this is Ralph.

O : Thank you, sir. Is it a person-to-person call, sir?

G : Yes. The party I want to call is Mr. Philip Dawin. The number is 536-7842

O : Mr. Philip Dawin, New York 536-7842?

G : That's right.

O : Hold the line, please. It will be connected right away.

G : 교환원이시죠? 뉴욕으로 국제전화를 하고 싶은데요.

O : 성함과 방번호를 알려주세요.

G : 방번호는 1342이고 제 이름은 랄프입니다.

O : 감사합니다. 지명통화인가요?

G : 예. 제가 전화하고자 하는 사람은 필립 다윈입니다. 전화번호는 536-7842입니다.

O : 뉴욕 536-7842의 필립 다윈 씨요?

G : 예, 맞습니다.

O : 잠시만 기다려 주세요. 곧 연결됩니다.

DIALOGUE 4 호텔에서 시내전화 요청할 경우

Operator : O　　Guest : G

O : Operator. May I help you?

G : Yes. How can I make a local call?

O : If you want to make a local call, simply dial 0 and then the number you wish to call. In case you need the local operator's assistance, dial 0 first, and then 114, that will get you in touch with the local operator, sir. Is there anything else that I can do for you?

G : No, that's all right. Thanks a lot.

O : 전화교환원입니다. 무엇을 도와 드릴까요?

G : 시내전화를 걸려면 어떻게 해야 하죠?

O : 시내전화를 거시면, 우선 0번을 다이얼 한 후 통화하시려면 전화번호를 다이얼하세요. 전화교환원의 도움이 필요하시면 우선 0번을, 그리고 나서 114를 다이얼하면 전화교환원과 연결됩니다. 제가 더 도와 드릴 일이 있으십니까?

G : 아니요, 괜찮습니다. 고맙습니다.

DIALOGUE 5 호텔에서 장거리 전화를 요청하는 경우

Operator : O　　Guest : G

O : Good morning. Operator. May I help you?

G : Yes. I'd like to make a long distance call to Cheju Island

O : May I have your name and room number, please?

G : Richard Kim in room number 1435.

O : Thank you. What number do you wish to call?

G : The area code is 110 and the number is 354-3985

O : Hold the line, please. I' ll connect you immediately.

G : Thank you.

O : 안녕하세요. 전화교환원입니다. 도와 드릴까요?

G : 예. 제주도로 장거리 전화를 하려고 합니다.

O : 성함과 객실번호를 알려주시겠어요?

G : 1435호의 리차드 김입니다.

O : 고맙습니다. 몇번으로 전화를 하시고 싶으시죠?

G : 지역번호 110, 전화번호는 354-3985입니다.

O : 잠시만 기다려 주십시오. 곧 연결해 드리겠습니다.

G : 고맙습니다.

DIALOGUE 6

전화번호를 문의하는 경우

Operator : O　　Guest : G

O : Operator. May I help you?

G : Could you give me the phone number for Space Airlines?

O : Certainly, sir. Would you please hang up and wait?

.... (ring, ring...)

O : Hello. I have the number for Space Airlines. Do you have a pen handy?

G : Yes, go ahead.

O : The number is 555-1234.

G : 555-1234. Thank you.

O : You're welcome, sir.

O : 전화교환원입니다. 도와 드릴까요?

G : 스페이스 항공사 전화번호를 알려주시겠어요?

O : 물론이죠. 전화를 끊고 잠시만 기다려 주세요.

.... (신호음)

O : 스페이스 항공사 전화번호를 찾았습니다. 펜이 준비되셨나요?

G : 예, 말씀하세요.

O : 전화번호는 555-1234입니다.

G : 555-1234요. 고맙습니다.

O : 천만에요.

DIALOGUE 7 국제 자동전화를 거는 경우

O : Operator. May I help you?

G : I'd like to make an overseas direct call.

O : What country are you calling?

G : The United States.

O : First, please dial 0 to get an outside line, then 001 for the international access code, next, 1 for the country code of the United States, and then the area code and the telephone number.

G : I've got it. Thank you.

O : You're welcome, sir.

O : 전화교환원입니다. 도와 드릴까요?

G : 국제 자동전화를 하고 싶은데요?

O : 어느 국가로 전화하시고 싶으신지요?

G : 미국입니다.

O : 우선 0번을 다이얼하여 외선을 얻은 후 국제 자동전화 사업자번호인 001을 다이얼하세요. 그리고 국가번호인 1번을 누르신 후 지역번호와 통화하시려는 전화번호를 누르시면 됩니다.

G : 잘 알겠습니다. 고맙습니다.

O : 천만에요.

DIALOGUE 8 지명통화를 신청하는 경우

G : I'd like to make a person-to-person call to the United States.

O : How would you like to pay the call?

G : Charge it to my room, please.

O : All right. May I have the number in USA?

G : The number is 415-555-3311.

O : 415-555-3311. Who would you like to speak to?

G : Mrs. Brady.

O : Mrs. Brady. May I have your name and room number, please?

G : Brady in room number 1105.

O : Mr. Brady in room number 1105. Thank you. I'll place the call for you with the overseas operator. Would you hang up and wait, please?

G : Alright, I will

O : Thank you.

G : 미국으로 지명통화를 하고 싶은데요.

O : 전화 요금을 어떻게 지불하시길 원하십니까?

G : 제 방으로 청구해 주세요.

O : 알겠습니다. 미국의 전화번호를 말씀해 주시겠어요?

G : 415-555-3311입니다.

O : 415-555-3311이요. 어느분과 통화하시고 싶으신지요?

G : 브래디 부인입니다.

O : 부래디 부인이요? 성함과 객실번호를 말씀해 주세요.

G : 1105호의 브래디입니다.

O : 1105호의 브래디 씨요. 알겠습니다.

DIALOGUE 9 Collect Call

Operator : O Foreign Operator : FO Guest : G

O : World Hotel. May I help you?

FO : This is the United States calling. We have a collect call for Mr. Tom Dean in room number 807 from Mrs. Dean in Dallas.

O : Hold on, please, operator.

O : Is this Mr. Dean? You have an overseas collect call from Mrs. Dean in Dallas. Will you accept the call?

G : Yes, I will.

O : Thank you for waiting. My party accepts the call and he is on the line now. Go ahead, please.

O : 월드 호텔입니다. 무엇을 도와 드릴까요?

FO : 저는 미국 전화교환원입니다.
달라스의 딘 여사로부터 807호에 계신 톰 딘에게 국제 콜렉트 콜입니다.

O : 잠시만 기다려주십시오.

O : 딘 씨 되십니까? 달라스의 딘 여사로부터 국제 콜렉트 콜입니다. 요금을 지불하시겠습니까?

G : 예

O : 기다려 주셔서 감사합니다. 딘 씨가 요금을 지불하시겠다고 하십니다. 지금 전화 연결되어 있습니다.

잠시쉬어갑시다 ❷

Don't write in cursive, please.

미국인들은 5를 S자와 비슷하게 쓴다. 6도 우리가 4자를 흘려쓴 것처럼 쓴다. 그래서 그들이 66이라고 써놓은 것을 우리는 44로 오해하기 십상이다. 거꾸로 44를 흘려 써놓으면 미국인들은 66으로 오해하기 마련이다. 미국인이 G를 필기체로 써놓으면 우리가 Y로 잘못 알아보는 수도 많다.

이처럼 필기체로 글자나 숫자를 쓰면, 미국인과 외국인 사이는 물론, 심지어 미국인들 끼리도 오해할 염려가 많기 때문에 미국에서는 모든 서류 맨 위에 반드시 "*Print or type, please.*"라고 인쇄돼 있는 것을 볼 수 있다. 이는 "인쇄체로 쓰든지 타자를 하십시오."라는 말이다. 여기서 *print*는 "인쇄체로 한자한자 또박또박 쓴다."는 뜻이다. 굳이 "필기체로 쓰지 말라."고 하려면 "Don't write in cursive, please."라 하면 된다. *cursive*(커씨브)는 "필기체"를 가리키는 단어로, 형용사도 되고 명사도 된다.

A : May I have a credit card application, please?
B : Sure. Here you go. When you fill it out, don't write in cursive. Print or type, please.
A : All right.

A : 크레디트 카드 신청서 하나 주시겠어요?
B : 네, 여기 있습니다. 서류를 작성하실 때 필기체로 쓰지 마시고, 인쇄체로 쓰시든지 아니면 타자를 해주세요.
A : 알겠습니다.

3. Flight

DIALOGUE 1 항공예약 1

Reservation : R　　Caller : C

R : Good morning, Korean Airlines. Can I help you?

C : Good morning. I'd like to book a return flight from Seoul to Tokyo.

R : When do you want to travel?

C : I want to leave on Friday, December 7th and I want an open-ended ticket.[1]

R : We have a morning flight leaving at 10:40 a.m. and an afternoon flight leaving at 14:30. Which one do you prefer?

C : I prefer the morning flight. What is the price for a return ticket?[2]

R : The price is $500 economy class, $850 business class, $1,400 first class.

C : I'll travel business class. Can you arrange an aisle seat in smoking section, please?

R : I'm sorry, but we don't have any smoking section, sir.

C : I see. That's O.K.

R : Thanks, sir. Can I have your name and phone number, please?

C : My name is Fredrick Kennedy and my number is 546-1217, ext. 212.

R : Thank you, Mr. Kennedy. Your reservation number is AR225Z65 and seat number is 3-C.

R : 안녕하세요. 대한항공입니다. 무엇을 도와 드릴까요?

C : 안녕하세요. 서울-동경 간 왕복 비행기를 예약하고 싶은데요.

R : 언제시죠?

C : 출발은 12월 7일 금요일입니다. 돌아오는 것은 날짜를 비워주세요.

R : 오전 10시 40분 비행기와 오후 2시 30분에 출발하는 비행기가 있습니다. 어느 것이 좋으신지요?

C : 오전 비행기로 하죠. 왕복표가 가격이 얼마죠?

R : 3등석은 500불, 2등석은 850불, 1등석은 1,400불입니다.

C : 2등석으로 하겠습니다. 흡연석에 통로 쪽 좌석을 예약해 주세요.

R : 죄송합니다만 기내에 흡연석은 없는데요.

C : 괜찮습니다.

R : 감사합니다. 성함과 전화번호를 알려주세요.

C : 이름은 프레드릭 케네디이고 전화번호는 546-1217, 내선 212입니다.

R : 고맙습니다, 케네디 씨. 예약번호는 AR225Z65이고 좌석번호는 3-C입니다.

---

1) open-ended ticket 돌아오는 항공편이 비어 있는 티켓

2) return ticket 왕복표

DIALOGUE 2 항공예약 2

Reservation : R　　Caller : C

R : Cathay Pacific. May I help you?

C : I'd like to reserve a economy-class seat for the December 23rd flight from Seoul to Hong Kong.

R : Just a moment, please. Two flights are available; one at 11:00 in the morning and the other 1:30 in the afternoon.

C : I prefer to take the 11:00 flight. Can you tell me what time I arrive in Hong Kong?

R : You will arrive at 3:00 p.m. Hong Kong time. Do you want to reserve a return flight?

C : No.

R : I see. May I have your name and phone number, please?

C : My name is Jiyoung Min and phone number is 02) 533-1218입니다.

R : Do you have any mobile phone number?

C : Yes, it is 011-223-4590.

R : Thank you, ma'am. Good bye.

R : 캐세이퍼시픽 항공입니다.

C : 서울에서 홍콩으로 가는 12월 23일 비행기의 3등석 좌석 1개를 예약하고 싶은데요.

R : 잠시만 기다려 주십시오. 두 비행기가 있습니다. 오전 11:00에 출발하는 비행기와 오후 1시 30분에 출발하는 비행기가 있는데요.

C : 오전 11시에 출발하는 비행기가 좋습니다. 제가 몇 시에 홍콩에 도착하죠?

R : 홍콩시간으로 3시에 도착합니다. 돌아오시는 비행기도 예약하시겠습니까?

C : 아니요.

R : 알겠습니다. 성함과 전화번호를 말씀해 주세요.

C : 이름은 민지영이고 전화번호는 02) 533-1218입니다.

R : 혹시 휴대전화가 있으십니까?

C : 예, 011-223-4590입니다.

R : 고맙습니다. 안녕히 계십시오.

비행기를 예약할 때, 1등석과 2등석은 비행기 예약 시 좌석을 지정할 수 있으나 3등석 economy class는 좌석을 미리 지정할 수 없다. 탑승수속 시 좌석을 배정받는다.

잠시쉬어갑시다 ❸

How to avoid jet lag

Travellers can reduce the effects of jet lag by changing their eating and drinking patterns. If you want to sleep on a plane, you should eat foods such as bread, pasta or cakes. Avoid eating high-protein foods such as meat, eggs or cheese. Don't drink tea or coffee for two days before flying. Remember that you don't have to eat and drink everything that they offer you on a plane. You should avoid alcohol and drink at least two liters of water on a six-hour flight. Exercise also helps. You can do simple exercises in your seat, or walk around the plane.

jet lag 시차로 인한 피로

해석을 해 보세요.

DIALOGUE 3 수하물 중량 문의

Reservation : R Caller : C

R : Good morning, Asiana Airlines. How can I help you?

C : I've booked OZ747 which leaves Seoul for New York on November 30th. Could you tell me what the baggage allowance is?

R : It's 20 kilograms per person. $10 will be added by 1Kg if you carry more than 20kg.

C : I see. What's the arrival time?

R : It's 2:45 p.m., New York time.

C : I see. I'll pick up the ticket tomorrow morning. Thank you.

R : You're welcome.

R : 안녕하세요, 아시아나입니다. 무엇을 도와 드릴까요?

C : 저는 11월 30일 뉴욕행 OZ747편을 예약했습니다. 수하물 허용량이 얼마인지 알려주시겠어요?

R : 1인당 20kg까지 가능합니다. 20kg을 초과하시면 1kg당 10달러 추가됩니다.

C : 알겠습니다. 뉴욕 도착시간은요?

R : 뉴욕시간으로 오후 2시 45분입니다.

C : 알겠습니다. 내일 아침에 비행기 표를 찾죠. 고맙습니다.

R : 천만에요.

DIALOGUE 4 항공예약 확인

Reservation : R   Caller : C

R : Air France. May I help you?
C : I'd like to confirm my flight reservation.
R : Your name, please.
C : Susan McDonald. I booked flight to Paris on Friday, June 9th.
R : One moment, please. Thank you for waiting, Miss McDonald. Your reservation is confirmed. Please check in[1] one hour prior to departure time.
C : I see. Thank you.

R : 에어프랑스입니다. 무엇을 도와 드릴까요?
C : 제 비행기 예약을 확인하고 싶습니다.
R : 성함을 말씀해 주세요.
C : Susan McDonald입니다. 6월 9일 금요일 파리행 비행기를 예약했습니다.
R : 잠시만 기다려 주십시오. 기다려 주셔서 고맙습니다, 맥도널드 양. 예약 잘 되어 있습니다. 출발 1시간 전에 체크인 해 주시겠어요?
C : 알겠습니다. 고맙습니다.

1) 호텔이나 여관 등에서의 입실 수속.
비행기에서는 탑승 전에 수속을 밟는 것을 check-in이라고 한다. 반대로 나갈 때 하는 수속은 check-out이라고 한다.

DIALOGUE 5 항공예약 변경

Reservation : R　　Caller : C

R : United Airlines, Miss Noh speaking. How can I help you?

C : Hello, I would like to change my reservation, ma'am. My name's Joe Fairbanks. That's F-A-I-R....

R : Sorry. Can I have your flight number first, please?

C : Oh, yes. It's UA7501 to New York.

R : UA7501. O.K. And the date?

C : Well, I have a booking for May sixth, but I really want to be in New York on May 6th, so I want to fly the day before.

R : Sorry. Could you repeat the dates, please?

C : I want to change my flight from May sixth to May fifth.

R : I see. O.K. Can I have your name again, please.

C : Yes. It's Joe Fairbanks.

R : Could you spell that, please?

C : F-A-I-R-B-A-N-K-S

R : That's fine, Mr. Fairbanks. Hold on please. I'll check the availability for that.

R : United 항공사의 미스 노입니다. 무엇을 도와 드릴까요?

C : 예약을 변경하고 싶은데요. 제 이름은 조 페어뱅크입니다.
F-A-I-R

R : 죄송합니다만 우선 비행기 번호부터 알려주세요.

C : 아, 예. 뉴욕행 UA7501편입니다.

R : UA7501. 날짜는요?

C : 제가 5월 6일로 예약되어 있는데 사실은 제가 5월 6일에 뉴욕에 있어야

합니다. 그래서 전날 출발하고 싶은데요.

R : 죄송합니다만 날짜를 다시 한 번 말씀해 주세요.

C : 예, 예약을 5월 6일에서 5월 5일로 변경하고 싶습니다.

R : 알겠습니다. 성함을 다시 한 번 말씀해 주세요.

C : 조 페어뱅크입니다.

R : 철자가 어떻게 되시죠?

C : F-A-I-R-B-A-N-K-S

R : 알겠습니다. 잠시만 기다려 주세요. 변경이 가능한지 알아보겠습니다.

An Airport 공항

Office Tip!!

airline terminal	공항 터미널
airline representative	공항 직원
check-in counter	체크인 카운터
arrival and departure monitors	이착륙 모니터
gate	게이트/ 탑승구
boarding area	탑승 구역
control tower	관제탑
helicopter	헬기
airplane	비행기
overhead compartment	머리 위 짐칸
cockpit	조종실
pilot	조종사
flight attendant	승무원
oxygen mask	산소 마스크
airsickness bag	멀미 봉투
tray table	트레이 테이블
baggage claim area	수하물 찾는 곳
carousel	원형 컨베이어
luggage carrier	수하물
customs	세관
customs officer	세관직원
declaration form	신고서
passenger	승객

Plane Trip 항공 여행 Office Tip!!

Buy our ticket	항공권을 사십시오.
Check your bags	짐을 체크하십시오.
Go through security	보안검사를 통과하십시오.
Check in the gate	게이트에서 체크인 하십시오.
Get your boarding pass	탑승권을 받으십시오.
Board the plane	비행기에 탑승하십시오.
Find your seat	좌석을 찾으십시오.
Stow your carry-on bag	기내휴대물을 보관함에 넣으십시오.
Fasten your seat belt	안전벨트를 매십시오.
Look for the emergency exit	비상구를 찾으십시오.
Look at the emergency card	비상카드를 보십시오.
Take off / Leave	이륙 / 출발
Request a blanket	담요를 달라고 하십시오.
Experience turbulence	흔들림을 경험하다.
Land / Arrival	착륙 / 도착
Claim your baggage	수하물을 찾으십시오.

EXERCISE

1. 예약 확인에 관한 다음 대화를 완성하시오.

R : Air France. May I help you?

C : I'd like to (   ) my flight reservation.

R : Your name, please.

C : Susan McDonald. I (   ) flight to Paris on Friday, June 9th.

R : One moment, please. Thank you for waiting. Miss McDonald. Your reservation is (   ). Please check in one hour prior to departure time.

C : I see. Thank you.

2. 다음을 영어로 표현해 보시오.

- 서울-뉴욕 간 왕복 비행기를 예약하고 싶습니다.
- 금연석의 창가 쪽 좌석이 좋습니다.
- 예약번호는 AR23568이고 좌석번호는 2-B입니다.
- 서울에서 런던으로 가는 12월 24일 비행기의 일등석 좌석을 예약하고 싶은데요.
- 돌아오는 비행기도 예약하시겠습니까?
- 내일 오전까지 비행기표를 찾으셔야 합니다.
- 1월 8일 서울-동경 간 비행기 예약을 확인하고 싶습니다.

3. 다음 괄호 안에 알맞은 표현을 넣으시오.

R : Good morning, Korean Airlines. May I help you?

C : (서울에서 방콕까지 가는 비행기를 예약하려고 합니다).

R : (언제 여행하실 예정이십니까?)

C : I want to leave on Tuesday, December 2nd.

R : We have two flights; one at 10:00 in the morning and the other 2:00 in the afternoon. Which one would you prefer?

C : (오전 10시 비행기로 예약해 주세요)

R : I see. (희망하시는 좌석편이 있으세요?)

C : I like you to arrange an aisle seat in the non-smoking section.

R : I see. (성함과 연락처를 알려주세요)

C : My name is C. J. Park and phone number is (02) 588-4053.

R : Thank you, Mr. Park. Your reservation number is BZ50967 and seat number is 4-D.

VI. Resume & Interview

Office Communication

Ⅵ Resume & Interview

영문이력서는 Resume, 또는 Data Sheet 또는 Personal History라고 불린다.

Resume는 성명, 나이, 주소, 학력, 경력, 특기 등 자신의 배경과 특기를 긍정적으로 서류상에 일목요연하게 추려서 쓴 것을 말하며, 보통 입사하고자 하는 뜻을 적은 편지인 Application Letter와 함께 보낸다.

Resume는 본인의 학력, 경력, 특기 등을 단순하게 열거한 것에 불과하므로 Application Letter를 통해 자신의 강점이나 회사에 지원한 동기 등을 간단히 서술함으로써 상대방에게 호감을 불러일으킬 수 있다는 유리한 점이 있다.

영문이력서는 면접을 하기 이전의 관문이므로 외양에도 내용 못지 않게 무척 신경을 써야 한다. 즉 보는 사람으로 하여금 깔끔한 인상, 전체적인 균형과 조화 등을 고려해야 한다. 그러므로 여백, 글자크기, 글자의 정확함, 좋은 질의 프린트, 페이지 밸런스 등은 이력서의 외관에 중요한 몫을 담당한다.

그리고 내용은 일목요연하게, 회사가 원하는 요구에 맞도록 쓴다. 예를 들어 속기를 원하는 회사의 경우 속기를 할 수 있다면 강조하고, 영작을 원하는 회사의 경우 속기를 할 수 있다는 것도 언급하지만 영작을 더 강조한다.

일단 서류전형에서 통과하여 면접에 성공하기 위해서는 수많은 이력서 중에서

최상의 것이 되도록 해야 한다.

이력서는 일정한 틀이나 형식이 없으므로 기본적인 사항들을 지켜가며 자신의 개성과 장점을 최대한 살려볼 수 있는 것이 좋다.

1. 간단명료하면서도 상세하게
2. 필체나 글씨에 주의해서 작성
3. 정자로 깔끔하고 깨끗하게
4. 정확하게
5. 정직하게

1. Resume

Lee, Dong-sook
3-216 Bukgajoa-Dong
Seodaemoon-Gu, Seoul 120-132
Tel : (02) 305-1305

RERSONAL DATA	Born :	January 28, 1979
	Gender:	Female
	Marital Statuts :	Single
	Health :	Excellent

OBJECTIVE Seeking for a position as a secretary

EDUCATION

Mar, 1997 ~ Feb. 1999	Secretarial Administration Dept., Jin-Myung Women's College, Inchon
Mar, 1994 ~ Feb. 1997	Myung-ji Girl's High School, Seoul

Major Courses in College

Business English Ⅰ, Ⅱ
Practical Business Communication Ⅰ, Ⅱ
Secretarial Procedures Ⅰ, Ⅱ
Record Management
Business Management
Human Relations
Office Automation
Internet
Accounting

SKILLS

Secretarial Skills Certificate Examination 3rd Class, KCCI, 1998
Official Examination-Word Processing Skills 2nd Class, KCCI, 1997
Practical English Certificate Examination 4th grade 1998
Operating S/W packages: Hwp, Excel, Windows 97, Power-point etc.

AWARDS & ACTIVITIES

1997 ~ 1998	Scholarship for two years, Jin-Myung Women's College
Mar. 1998 ~ Present	Acted as dept. representative
July. 1998 ~ Aug. 1998	Volunteer as an assistant of Town-Block Office
Nov. 1997	Volunteer as an assistant of Notrdam Nunnery

REFERENCES Available on request.

〈영문이력서 예 1〉

Resume

Name	Eun-kyung Chung
Gender	Female
Date of Birth	August 15, 1997
Address	343 Sangdo-dong, Dongjak-ku, Seoul, Korea
Telephone	343-3434 PCS : 018-299-3490

Education

February 1995	Graduated from Yale Gir's High School, Seoul.
March 1995	Entered the Department of Secretarial Science of Dong-A Women's College.
February 1997	Will graduate from the above.

Major Courses

Accounting, Business Lay, Business Administration, Economics Introduction to Secretarial Science, Secretarial English Conversation, Business English, Korea/English Typing, Office Management, Word Processing, Computer (Theory & Practice)

Secretarial Skills

Typing (Korean, English), English Conversation, Korean Shorthand, Word Processing, Excel, Powerpoint, Internet. etc.

Special achievements

Earned the 2nd grade English Typist given by the Chamber of Commerce and Industry in 1996.

Extracurricular activities

Summer (1995)	Hanil Bank	Typist and File Clerk
Part time (1996)	Sam-Ni Ltd.	Clerk
Part time (1996)	Abc English Club	Assistant

Reference

Dong Jun Kim, Chairman of Secretarial Science Department, Dong-A Women's College. Ms. Sun Chung, Executive Vice President, Sam-Ni Ltd.

〈영문이력서 예 2〉

2. Job Application Letter

구직편지(job application letter)에서 지원하고자 하는 직종 및 어떻게 구인정보를 알게 되었는지를 간단하게 언급하고 개인정보, 학력, 자격요건 및 경험에 대해서는 이력서에 자세히 기재한다. 다음은 영문 구직편지와 이력서의 예로 앞으로 취업서류 준비 시에 활용할 수 있으리라 기대한다.

Mee Young Park
342, Shinlim-dong
Kwanak-ku, Seoul, Korea

April 10. 2000

Personnel Manager
ABC Company
PO Box 1343

Dear Sir:

In reply to your advertisement in ~~Korea Times~~, I am applying for the position of secretary. Words such as "responsible" and "administrative ability" in the description of the position immediately appealed to me.

I believe I have the necessary qualification; therefore, I would like to be considered for this position, An examination of my personal data sheet will show that I am well prepared by training and experience for secretarial work. In addition, my extracurricular activities, described in the enclosed personal data sheet, have prepared me work with other people.

From what I have learned about secretarial study, I believe my training at school will give good experience as a member of your future growth. I would very much like the opportunity to work in your company and convert my knowledge and well-prepared training to practical use.

I should be grateful if you would grant me an interview.
May I hear from you soon?

Respectfully yours,

Mee young Park

Mee young Park

Enclosure

〈구직편지의 예 1〉

해석 코리아 타임즈에 실린 광고를 보고 비서직에 응모합니다. 비서직을 묘사하는 데 있어서 '책임감' 과 '행정적인 능력' 과 같은 단어들이 즉시 저에게 와 닿았습니다.

저는 필요한 자격을 갖추고 있다고 믿고 있습니다. 그러므로 저는 이 비서직을 생각해 보고 싶습니다. 제 이력서를 살펴보시면 비서 업무를 수행하기 위한 훈련과 경험이 잘 준비되었다고 생각하실 것입니다. 뿐만 아니라 동봉된 이력서에 나타난 저의 과외 활동은 제가 다른 사람과 어울려서 일을 잘할 수 있도록 준비해 주었습니다.

제가 배운 비서 공부를 통해서 저는 학교에서의 훈련이 앞으로 당신 회사를 성장시키는 일원으로서 좋은 경험을 줄 것입니다. 제가 배운 지식과 잘 준비해온 훈련을 당신 회사에서 실제적으로 활용하는 기회를 매우 기쁘게 생각할 것입니다.

제게 인터뷰할 수 있는 기회를 주시면 감사하겠습니다. 소식을 기다리고 있겠습니다.

Dear Sir:

In replying to your advertisements in the Korea Times of 25th October for the position of secretary, I should like to apply for the post.

I have recently graduated from Dong Wha Women's College, where I took a 2-year course in the Department of Secretarial Science. My Training included typing, Word-processing, Business English, Some elementary accounting, records management, and so on.

Although I do not have any previous work experience, I am very interested in the opportunity of a secretarial position with your company.

I should be pleased to give you any other information you need and I hope that you will consider me for an interview at an early date. I can be contacted at the address and telephone number above. Thank you.

〈구직편지의 예 2〉

해석 10월 25일자 코리아 타임즈에 실린 비서직에 관한 광고를 보고 저는 그 자리에 지원을 하고 싶습니다.

저는 최근에 동화여자대학을 졸업했는데 비서과에서 2년 코스를 밟았습니다. 저의 트레이닝은 타이핑, 문서작성, 사무영어, 기초 회계학 그리고 문서관리 등을 포함합니다.

비록 전에 일했던 경험은 없지만 저는 당신회사에서 비서직의 기회에 매우 관심이 높습니다.

저는 당신이 필요한 다른 정보를 기꺼이 드리겠으며, 조만간 인터뷰에 응하게 되기를 희망합니다. 위의 주소와 전화번호로 연락을 하시면 됩니다. 감사합니다.

3. Job Interview

영어로의 인터뷰는 기본 회화실력도 중요하지만 사전의 철저한 준비과정도 중요하다.

회사에 따라서는 외국인과 직접 인터뷰하는 경우도 있고 한국사람과 영어로 인터뷰하는 경우도 있다. 외국인 회사의 경우는 직접 상사가 인터뷰하는 경우가 대부분이므로 대화가 끊이지 않도록 평소에 훈련을 쌓아두어야지 며칠 전부터 하는 연습만으로는 실패하기가 쉽다.

질문 내용으로는 간단한 가족상황과 학교전공, 특기사항 그리고 이 회사에 지원하게 된 동기, 본인의 직업을 대하는 자세나 가치관 그리고 때에 따라서는 급여에 관해서도 이야기를 나눌 수 있다.

① 인터뷰를 위한 사전 준비

- 회사의 위치를 미리 파악해 둔다.
- 회사에 대해 가능하면 많은 정보를 입수해 둔다.
- 가능하면 인터뷰 전날 회사 빌딩을 직접 가보고 몇 층인가도 확인해 본다.
- 인터뷰 시간보다 약 15분 전에 도착하도록 한다.
- 필요한 서류들을 잘 챙겨서 서류봉투에 넣어간다(졸업증명서, 성적증명서, 여분의 이력서 등).

② 영어 인터뷰에 임하는 올바른 자세

- 단정한 옷차림
- 또렷한 말씨
- 분명한 대답
- 정확한 자기표현
- 화제를 자연스럽게 이끌 것

③ 예상되는 질문의 예와 답변

- What's your full name, please?
  ⇨ Sook-Hee Kim.
- Where do you live?
  ⇨ I live in Bangbae-dong in Seoul.
- Where Were you born?
  ⇨ I was born in Inchon.
- What is your major at school?
  ⇨ My major is Secretarial Administration
- What kind of courses are you taking?
  ⇨ I have many English courses, such as conversation, composition, and so on. Also, I take some general courses like History, Korean, Art.
- Have you had any special training in secretarial skills?
  ⇨ Yes, I took Secretarial Theory and Secretarial Practice. I've also taken typewriting, Business English and similar courses.
- What about work experience? Have you had any part-time jobs?
  ⇨ Just once. Last summer I worked part time for an international trade company.
- What are your hobbies? What do you like to do in your spare time?
  ⇨ Well, I like reading books, and listening to music. I play the guitar a little, and I like to see a movie, too.
- What do you like best about school?
  ⇨ English classes. We get a lot of chances to speak English.
- Why did you choose this company?
  ⇨ Well, I know that you do a very big international business, so I thought it would be a good place for me to use the experience I've learned in School.
- What are your plans for the future?
  ⇨ I want to be a professional secretary. So, I'd like to continue working as long as I can.

④ 질문할 수 있는 내용들

- What type of work will I be expected to do at first?
- What are the normal working hours?
- Can you tell me a little bit about employee benefits such as the health insurance program?
- Do you have a training program for new employees?
- I'd like to know about the salary.
- Can I continue the work after marriage?

⑤ 질문을 못 알아들었을 경우

- I beg your pardon?
- I'm sorry, I don't understand your meaning.
- Would you mind saying that again, please?
- I'm not sure I understood your question.
- I'm sorry, I can't follow you. Could you speak more slowly, please?

DIALOGUE 1

인터뷰 사례 1

Interviewer : A Interviewee : B

(At Mr. Park's Office)

A : Good afternoon, Miss Chun.

B : Good afternoon, sir.

A : Sit down, please.

B : Thank you.

A : Now we are very interested in your application but, of course, I want to ask you some questions first.

B : Yes, of course, sir.

A : Why do you want to work in a secretarial position?

B : I enjoy meeting people and I thought it would be a good position to start training in.

A : 어서 오세요. 미스 전.

B : 안녕하십니까?

A : 앉으십시오.

B : 감사합니다.

A : 우리는 당신이 우리 회사를 지원한 것에 매우 관심을 가지고 있습니다. 먼저 몇 가지 질문을 드리고 싶습니다.

B : 네, 물론입니다.

A : 당신은 왜 비서직에서 일을 하고 싶어 하십니까?

B : 저는 사람을 만나는 것을 좋아하고 제가 생각하기에 비서직이 훈련을 쌓기에 좋은 직이라 생각합니다.

DIALOGUE 2 인터뷰 사례 2

Interviewer : A　　Interviewee : B

A : That's good. But as a junior clerk you will have to do a lot of different jobs.

B : I understand that and I am prepared to start from the bottom and learn many different types of office work.

A : Well, that sounds very promising. Now, you will have to sort out the mail every morning and take it round to put on the office desks.

B : Yes, sir.

A : Next, you have to check all the newspapers to see if our advertisements have been printed correctly. That's very important. Are you careful at checking details?

B : I think so. I used to help my father check the books for his business. I am sometimes a little bit slow, I am afraid.

A : 훌륭합니다. 그러나 견습 초보 사원으로서 당신은 다양한 일을 많이 해야 합니다.

B : 알고 있습니다. 그리고 저는 밑에서부터 출발해서 다양한 종류의 사무실 일을 배우려고 합니다.

A : 그거 아주 좋은 말씀입니다. 자, 당신은 매일 아침 우편물을 분류해서 사무실 책상에 전달해야 합니다.

B : 네.

A : 다음에 당신은 모든 신문을 보고 우리의 회사 광고가 올바로 나왔는지를 점검해야 합니다. 그것은 아주 중요합니다. 당신은 세심한 데까지 점검할 수 있을 만큼 꼼꼼합니까?

B : 그렇다고 봅니다. 저는 아버지 일을 위해서 책을 점검하는 일을 도와주곤 했습니다. 하지만 저는 때때로 일이 조금 늦습니다.

각종 자격증 영문 표기 Office Tip!!

• Penmanship Certificate	펜글씨 자격증
• Bookkeeping Certificate	부기 자격증
• Chinese Letter Certificate	한자 자격증
• Driver's License	운전 면허증
• Practical English Certificate	실용영어 자격증
• Computer Accounting Certificate	전산회계 자격증
• Secretarial Skill Certificate	비서 자격증
• Official Examination – Excel Skills	컴퓨터활용능력 자격증
• Official Examination – Word Processing	워드프로세서 자격증
• Information Processing Technician	정보처리기능사

DIALOGUE 2 인터뷰 사례 3

Interviewer : A Interviewee : B

A : Never mind. Better to do it slowly and get it right.

B : Oh, Yes, sir.

A : Good. Then you will have to learn filing system. Do you have experience with filing?

B : I was taught one semester at college. I think I could learn a new system quite quickly.

A : Good. Then you will have to do copy-typing, lists and envelopes, and reports and so on. How many words a minute can you type?

B : About sixty words a minute.

A : 괜찮습니다. 천천히 더 잘하는 것이 일을 올바르게 할 수 있습니다.

B : 네.

A : 좋아요. 그러면 당신은 파일링 시스템을 배워야 합니다. 파일링 해본 적 있나요?

B : 대학에서 한 학기 배웠습니다. 제가 생각하기에 새로운 시스템을 아주 빨리 배울 것 같습니다.

A : 좋습니다. 그리고 당신은 제 타이핑, 리스트와 봉투 그리고 리포트 등의 일을 해야 합니다. 일분에 몇 단어 타이프를 칩니까?

B : 1분에 약 60단어 정도 칩니다.

Office Tip!!

• Filing Equipment(파일링 용품)

filingcabinet
box file
document wallet
ring binder
storage box
suspension file
lever arch file
expanding file
plastic pocket
disk box

• Filing Systems(파일링 시스템)

subject
numerical
alphabetical
alphanumerical
geographical
chronological

DIALOGUE 1 **인터뷰 사례 4**

Interviewer : A Interviewee : B

A : That's quite good. If we offer you the job, you will have to take a medical examination and join the pension plan.

B : Oh. Yes.

A : Good. Any questions?

B : How much will my salary be and how much holiday do I get?

A : You can discuss that with Mr. Kang, the Section Chief of Personnel Dept.

B : Thank you. Good-bye.

A : 아주 좋습니다. 만약 당신이 직장을 얻게 되면 건강진단을 받아야 하고 연금계획에 가입해야 합니다.

B : 네.

A : 좋아요. 다른 질문은?

B : 제 봉급은 얼마이고 얼마만큼의 휴가를 얻게 됩니까?

A : 당신은 그 문제를 인사과장, 미스터 강과 의논할 수 있습니다. 우리는 모든 지원자와 인터뷰가 끝나는 대로 당신에게 연락드리겠습니다. 와주셔서 감사합니다.

B : 감사합니다.

DIALOGUE 2 인터뷰 사례 5

Interviewer : A　　Interviewee : B

A : Come in. My name is Harry Wilson. How do you do?
B : How do you do? My name is Sang A Lee.
A : Please have a seat.
B : Thank you.
A : Let me ask you a few questions, Miss Lee. Where do you live?
B : I live in Bangbae Dong in Seoul.
A : I see. What school do you attend?
B : I attend Dong Wha Women's College.
A : Where is that?
B : I beg you pardon?

A : 들어오십시오. 제 이름은 해리 윌슨입니다. 처음 뵙겠습니다.
B : 처음 뵙겠습니다. 저는 이상아입니다.
A : 앉으십시오.
B : 감사합니다.
A : 미스 리, 몇 가지 질문을 드리겠습니다. 어디 사시죠?
B : 서울, 방배동에 삽니다.
A : 알겠습니다. 어느 학교를 다니십니까?
B : 동화여자대학을 다닙니다.
A : 어디에 있죠?
B : 다시 한 번 말씀해 주시겠어요?

DIALOGUE 3 인터뷰 사례 6

Interviewer : A　　Interviewee : B

A : Where is your school located?

B : Oh, it's in Pilundong in Chonro.

A : What's your major?

B : I'm majoring in Secretarial Science.

A : Have you taken any business classes or anything?

B : Yes, I've taken Typewriting, Secretarial Theory, Secretarial Practice, English conversation, and so on.

A : Have you ever worked in an office before?

B : Yes, I had a part-time job for two months at IBM.

A : Oh, really?

B : Yes, it was a very interesting experience.

A : 학교가 어디에 위치해 있습니까?

B : 아, 종로 필운동에 있습니다.

A : 전공은요?

B : 비서학을 전공했습니다.

A : 경영수업 또는 그밖에 다른 수업을 들은 적 있습니까?

B : 네, 저는 타이핑, 비서학 개론, 비서실무, 영어회화 등을 들었습니다.

A : 사무실에서 전에 일한 경험이 있습니까?

B : 네, 두 달간 파트타임으로 IBM에서 일했습니다.

A : 그래요?

B : 네, 아주 재미있는 경험이었습니다.

DIALOGUE 4

인터뷰 사례 7

Interviewer : A　　Interviewee : B

A : What did you do?

B : Mostly word-processing, filing, and running errands.

A : Oh, very good, But you know that we are really looking for a bilingual secretary. Why did you apply this company?

B : Well, for me the most important thing is to find work where I can meet with and deal with people from other cultures. As a Korean, this seems to be the most exciting thing I can do.

A : I see. Have you ever been overseas?

B : No. I haven't

A : Do you have any questions you'd like to ask me about this company?

B : Yes, I would like to ask about the salary. How is it determined?

A : 사무실에서 무엇을 했습니까?

B : 대부분 워드, 파일링 그리고 심부름입니다.

A : 네, 좋습니다. 그런데 당신도 알다시피, 우리는 2중 언어 비서를 찾고 있습니다. 당신은 왜 우리 회사에 지원했습니까?

B : 글쎄요. 저에게 가장 중요한 것은 다른 문화권에서 온 사람들과 만나고 사귈 수 있는 곳에서 일을 하는 것입니다. 한국인으로서 이것은 제가 할 수 있는 가장 신나는 일인 것 같습니다.

A : 알겠습니다. 해외에 다녀오신 적이 있습니까?

B : 아니요.

A : 이 회사에 대해서 묻고 싶은 질문이 있습니까?

B : 네, 봉급에 대해서 묻고 싶습니다. 봉급은 어떻게 결정됩니까?

DIALOGUE 5 인터뷰 사례 8

Interviewer : A   Interviewee : B

A : Well, all new clerical employees begin at a standard salary of 18,000,000 won per year. Then after your training period, you are given an assignment. According to the assignment, you would get different monthly salary.

B : I see.

A : Any more questions?

B : No I'm sorry to have taken up so much of your time.

A : Not at all. Very glad to have met you. We'll be letting you know the result of the interview sometime next week. Thank you very much for coming in.

B : Thank you for giving me your time, Mr. Wilson.

A : You're welcome, Miss Lee. Good-bye.

B : Good-bye.

A : 저, 모든 신입 사무직원은 연봉 1,800만 원으로 시작합니다. 그리고 연수 기간이 끝난 후 당신에게 업무가 주어지게 됩니다. 업무에 따라, 당신은 다른 월급을 받게 됩니다.

B : 알겠습니다.

A : 다른 질문은?

B : 아니요. 당신의 시간을 너무 많이 빼앗아 죄송합니다.

A : 천만에요. 만나서 매우 반갑습니다. 인터뷰 결과를 다음주 경에 알려 드리겠습니다. 와 주셔서 감사합니다.

B : 시간을 내 주셔서 감사합니다. 윌슨 씨.

A : 천만에요, 미스 리, 안녕히 가십시오.

B : 안녕히 계십시오.

부록

Appendices

Office Communication

부록

Appendices

Appendix 1. Secretarial Courses

비서과 교과목 영문표기를 숙지하고 있으면 영문이력서 작성이나 영어면접 시 활용할 수 있으므로 반드시 숙지하도록 할 것!

• 비서학개론	Introduction to Secretarial Science
• 비서실무	Secretarial Practices, Secretarial Procedures & Administration
• 사무영어	Business English
• 비서영어회화	Secretarial English Conversation
• 사무관리	Office Management
• 문서관리	Records Management(Filing System)
• 정보관리	Information Management
• 인간관계론	Human Relations
• 직장예절	Business Etiquette
• 한글타자	Korean Typewriting
• 영문타자	English Typewriting
• 조직과 스태프	Organization & Staff
• 문서작성	Word Processing
• 컴퓨터개론	Introduction to Computer
• 사무자동화실무	OA(office automation) Practices
• 한글속기	Korean Shorthand(Stenography)
• 영문속기	English Shorthand(Stenography)
• 경영학원론	Principles of Business Administration

- 회계학 Accounting
- 일어 Japanese
- 한자 Chinese Letters
- 필수과목 Required Subjects
- 선택과목 Selective Subjects
- 교양과목 Cultural Subjects

Appendix 2. Company Departments

비서는 최소한 자기 회사의 부서명과 직함명은 영어로 숙지하고 있어야 한다. 직함명과 부서명은 회사마다 표기방식이 다소 다를 수 있으므로 자신의 회사에서 사용되는 영문표기 방식을 알아두어야 한다.

- 사장실 President's Office
- 비서실 Secretarial Department
- ~ 국 ~ Bureau
- ~ 부 ~ Division, Department
- ~ 과 ~ Section
- 총무과 General Affairs Department, Administrative Div.
- 재무부 Finance Dept.
- 경리부 Accounting Dept.
- 인사부 Human Resource Dept.
- 기획조정실 Planning & Coordination Dept.
- 영업부 Sales Dept.
- 구매부 Purchasing Dept.
- 마케팅부 Marketing Dept.
- 제조부 Production Dept.
- 홍보부 Public Relations Dept., Public Affairs Dept.
- 광고부 Public Advertising Dept.
- 연구개발부 Research & Development Dept.

• 전산실	Electronic Data Processing Dept.
• 지점	Branch Office
• 해외사업부	Overseas Enterprise Dept.
• 본사	Head Office, Main Office, Headquarter
• 출구	Exit

Appendix 3. Company Positions

• 회장	Chairman, Chairperson, Chairman (of the Board of Directors)
• 부회장	Vice Chairman
• 사장	President, President and Representative Director
• 대표이사	Representative Director, Chief Executive Office (CEO : 최고경영책임자)
• 부사장	Vice President, Executive Vice President
• 전무이사	Senior Managing Director
• 상무이사	Executive Director, Managing Director
• 이사	Director
• (상임) 감사	(Standing) Auditor
• 고문	Advisor
• 비서실장	Executive Assistant to the President
• 부장	General Manager
• 영업부장	Sales Manager
• 경리부장	Accounting Manager
• 총무부장	General Affairs Manager
• 차장	Submanager, Deputy General Manager
• 과장	Section Chief, Manager
• 대리	Assistant Manager
• 감독자	Superintendent

• 책임자	The man in charge
• 지점장	Branch Manager
• 비서	Secretary, Assistant
• 안내	Receptionist

Appendix 4. Jobs and Occupations

1. accountant 회계사
2. actor 배우
3. administrative assistant 사무원
4. architect 건축가
5. artist 예술가
6. assembler 조립공
7. auto mechanic 자동차정비공
8. baker 제과기술자
9. bricklayer 벽돌공
10. businessman/businesswoman 사업가
11. butcher 푸주한
12. caregiver/baby-sitter 아기돌보는 사람
13. carpenter 목수
14. cashier 계산원
15. freelance writer 프리랜서 작가
16. computer programmar 컴퓨터 프로그래머
17. cook 요리사
18. delivery person 배달원
19. dental assistant 치과보조원
20. dentist 치과의사
21. dockworker 부두근로자
22. doctor 의사
23. engineer 엔지니어
24. firefighter 소방대원
25. florist 화초 재배자
26. gardener 정원사
27. garment worker 재봉사
28. gas station attendant 주유소 종업원
29. graphic artist 그래픽 아티스트
30. hairdresser 미용사
31. home attendant 가사도우미
32. homemaker 주부
33. housekeeper 가정부
34. interpreter/translator 번역사
35. janitor/ custodian 건물관리인
36. lawyer 변호사
37. machine operator 기계 작동자
38. messenger/ courier 택배원
41. musician 음악가
42. nurse 간호사

43. painter 화가	44. police officer 경찰
45. postal worker/mail carrier 우편 집배원	46. printer 인쇄기술자
47. receptionist 접수원, 안내	48. repair person 수리공
49. reporter 신문기자	50. salesclerk/ salesperson 판매원
51. cleaner/ sanitation worker 환경 미화원	52. secretary 비서
53. waiter 웨이터	54. serviceman/ servicewoman 서비스요원
55. stock clerk 창고원	56. store owner 상점 주인
57. student 학생	58. teacher/ instructor 교사
59. telemarketer 텔레마케터	60. travel agent 여행사 직원
61. truck driver 트럭 기사	62. veterinarian 수의사
63. welder 용접공	64. writer/ author 작가

Appendix 5. Office Items and Furniture

♣ Office Items(사무용품)

stapler 스테플러
staples 스테이플
hole puncher 펀처
scissors 가위
paper trimmer
foldback clips 집게 클립
paper clips 페이퍼 클립
mailer 메일러
notepad 메모용지
rubber cement 고무풀
rubber stamp 고무도장
packing tape 포장 테이프
electric pencil 전자펜
glue 풀
envelope 봉투
drawing pins 압정
Post-it notes 포스트 잇 노트
magazine file 매거진 파일
diary 다이어리
calculator 계산기
correction fluid 수정액
organizer 오거나이저
label 레이블
stacking tray 스태킹 트래이(서류받침)
clear tape 투명 테이프
ink pad 잉크 스탬프 패드
rubber band 고무밴드
sharpener 전기 연필깎이
desk calendar 탁상용 달력
letterhead paper (회사명이 들어있는) 편지지

♣ Office Furniture

desk 책상
swivel chair 회전의자
keyboard 키보드
bulletin board 게시판
drawer 서랍
waste-paper basket 휴지통
monitor 모니터
bookcase 책꽂이
telephone 전화
in-tray 도착서류함
fan 선풍기
scanner 스캐너
postal scale 우편물 저울
fax machine 팩스기
photocopier 복사기
wall planner 월 플래너
lamp 램프
fire extinguisher 소화기
mouse 마우스
plant 화분
paper shredder 문서절단기
coat hook 옷걸이
printer 프린터
blind 블라인드
out-tray 발송서류함
filing cabinet 서류함
personal computer PC
paper cutter 종이 재단기
supply cabinet 비품 보관함

| 저자소개 |

■ **민선향**

현) 배화여자대학 비서행정과 부교수

학력) 이화여자대학교 비서학과 졸업

University of Pittsburgh(USA) 교육학 석사 (직업교육 전공)

연세대학교 교육학 박사(성인/평생교육 전공)

■ **장은주**

현) 경인여자대학 비서행정과 부교수

학력) 이화여자대학교 비서학과 졸업

서강대학교 경영학 석사(인사 · 조직 전공)

서강대학교 경영학 박사 (인사 · 조직 전공)

■ **박소영**

현) 배화여자대학 비서행정과 겸임교수, 중앙대학교 강사

학력) 중앙대학교 영어영문학과 졸업

중앙대학교 문과대학원 석사(영문학)

중앙대학교 문과대학원 박사 수료(영문학)

■ **홍진주**

현) 경인여자대학 비서행정과 겸임교수, 건국대학교 강사

학력) 건국대학교 영어영문학과 졸업

New South Wales University 석사(영어학)

건국대학교 박사(영어학)

Office Communication(Ⅱ)

–비즈니스 영어회화–

2009년 2월 25일 1판 1쇄 발행

2018년 2월 20일 1판 3쇄 발행

저　　자 | 민선향 · 장은주 · 박소영 · 홍진주

발 행 인 | 이수영

발 행 처 | 도서출판 청람

서울시 마포구 독막로 288(대흥동, 세양상가 109호)

전　　화 | 02)3272-2601(대)~2

팩　　스 | 02)3272-2603

홈페이지 | www.crbooks.co.kr

이 메 일 | crbooks@daum.net

등　　록 | 2000년 8월 26일 제6-0509호

ISBN 978-89-5972-093-4 93740　　[정가 18,000원]